3 Habitudes Faciles pour Marketing de Réseau

AUTOMATISEZ L'ATTEINTE DE VOTRE SUCCÈS

KEITH ET TOM « BIG AL » SCHREITER

3 Habitudes Faciles pour Marketing de Réseau
© 2020 by Keith et Tom « Big Al » Schreiter

Publié par Fortune Network Publishing
PO Box 890084
Houston, TX 77289 USA

Telephone: +1 (281) 280-9800

BigAlBooks.com

ISBN-13: 978-1-948197-57-1

TABLE DES MATIÈRES

Ce livre est dédié aux gens de marketing
de réseau de partout.

Je voyage de par le monde plus de 240 jours chaque année.
Laissez-moi savoir si vous souhaitez que tienne une
formation (Big Al Training) dans votre secteur.

→ **BigAlSeminars.com** ←

Tous les livres de
Tom « Big Al » Schreiter
sont disponibles à :

BigAlBooks.com/french

PRÉFACE

Vous voulez voir s'épanouir votre entreprise, sans stress et sans devoir y injecter une dose massive de volonté ?

Vous souhaitez la développer 24 heures par jour, même durant votre sommeil ?

Voici la clé : les habitudes.

On pourrait croire que les habitudes sont ennuyeuses, mais voici ce qui m'est arrivé.

Je cassais la croûte avec Steve Scott, un expert en habitudes. Steve m'expliquait comment les habitudes avaient transformé sa vie.

C'est à ce moment que j'ai compris.

Les habitudes sont des automatismes ! Elles sont exemptes de douleur ! Et nous les exécutons sans même y penser.

Les habitudes sont simples et faciles… parce qu'en fait, elles sont déjà intégrées dans notre routine.

Alors, voici notre plan :

1. Créer une nouvelle habitude (on ne fera le travail qu'une seule fois).

2. Mettre notre nouvelle habitude sur le pilote automatique.

3. Laisser notre nouvelle habitude développer notre entreprise toute seule.

Voilà ! Plutôt simple comme système.

Merci Steve d'avoir su clarifier et simplifier les choses à ce point.

– Tom « Big Al » Schreiter

COMMENT S'ARTICULE CE LIVRE.

Primo, nous en apprendrons un peu sur le fonctionnement des habitudes. (Ça ne sera qu'un survol puisqu'il existe de nombreux livres passionnants sur la science des habitudes.)

Secundo, nous apprendrons à créer des habitudes qui automatiseront notre succès en marketing de réseau.

Tertio, nous allons découvrir des petits trucs et raccourcis qui augmenteront nos chances d'acquérir ces nouvelles habitudes.

L'acquisition d'une nouvelle habitude en vaut-elle le coût ?

Nous aimons bien cet extrait d'une infolettre de Nick Stephenson où il traite de son fils :

« Mon fils aîné a commencé à marcher il y a plus de 18 mois, et il a poursuivi cette habitude. Mais ce que nous oublions souvent, c'est qu'il a lamentablement échoué pendant plus de 12 mois. Puis, un jour, il avait suffisamment échoué pour savoir comment s'y prendre. »

Alors préparons-nous à en apprendre davantage sur le fonctionnement des habitudes.

LE POTENTIEL INSOUPÇONNÉ DES HABITUDES.

Nous avons pris l'habitude de nous vêtir avant de sortir de la maison.

Combien de fois avons-nous oublié de le faire ? Probablement jamais !

Nos habitudes sont automatisées. Nul besoin de volonté.

Et c'est le secret que contient ce livre.

Les bonnes habitudes.

- Faire le suivi de nos meilleurs prospects.
- Retourner les appels rapidement.
- Rencontrer nos prospects en personne.
- Accorder du temps au développement personnel chaque jour.
- Garder l'esprit ouvert.
- Écouter de manière attentive.
- Dresser une liste de choses à faire.
- Être ponctuel en tout temps.
- Raconter des histoires plutôt que de se limiter à énumérer des faits.
- Promouvoir les événements.

Les mauvaises habitudes.

- Se contenter de faire le minimum.
- S'entourer de personnes négatives.
- Négliger ses priorités.
- Remettre à plus tard nos tâches prioritaires.
- Critiquer les autres.
- Écouter machinalement la télé pendant que les heures s'envolent.
- Ne pas assister aux événements de la compagnie.
- Éviter de faire de l'exercice.
- Ne pas se fixer d'objectifs.

Ça alors ! C'était facile !

C'est facile de dresser une liste d'habitudes et d'en parler... Le bavardage ne coûte rien.

Là n'est pas notre défi !

Notre défi consiste à **créer** de nouvelles habitudes qui nous serviront. On recherche des habitudes qui nous feront progresser de façon automatisée vers nos objectifs. Oui, nos habitudes peuvent nous mener vers le succès.

LA BONNE NOUVELLE, ET LA MAUVAISE.

Commençons par la bonne nouvelle.

La voici : les habitudes peuvent transformer nos vies. Elles nous aident à placer notre succès sur le pilote automatique. Elles nous permettent même d'exécuter les tâches désagréables sans avoir à y accorder beaucoup de volonté.

En d'autres mots, les habitudes sont fantastiques.

Maintenant, la mauvaise nouvelle.

Acquérir des habitudes n'est pas le fruit du hasard. On doit y consacrer des efforts. Si vous lisez ce livre, il y a fort à parier que vous travaillez déjà à plein temps, que vous avez une famille, une vie sociale, et que vous développez en parallèle votre entreprise de marketing de réseau.

Il est facile de se sentir dépassé quand on doit se fixer des objectifs, être positifs, se créer de nouvelles habitudes et développer des compétences en relations humaines.

Voir grand, commencer modestement.

Détendez-vous. Dans le présent livre, nous vous inviterons à créer une seule habitude à la fois. C'est tout.

Pourquoi ? Parce que si on comprend comment se forment les nouvelles habitudes, on peut mettre en place les étapes nécessaires à leur acquisition. Cela nous servira de modèle pour créer toutes les habitudes qu'on désire développer.

Créons d'abord une seule nouvelle habitude. Voyons ensuite comment elle contribue à la croissance automatique de notre entreprise en marketing de réseau, et ce, sans devoir y consacrer beaucoup d'efforts. Lorsque nous verrons la magie s'opérer, nous deviendrons accrocs aux nouvelles habitudes.

Par exemple, supposons qu'on craint de contacter des prospects par téléphone. Si on pouvait transformer cette tâche en processus naturel et automatisé ? Et si ces appels devenaient faciles à faire et s'intégraient naturellement dans notre routine quotidienne, comme se brosser les dents chaque matin ?

Alors ça, ce serait excitant ! Fini le stress. Fini le téléphone qui pèse une tonne. Notre séance d'appels fait désormais partie de notre routine quotidienne.

On désire remplacer les activités pénibles en habitudes naturelles automatisées.

ON SURESTIME GRANDEMENT LA VOLONTÉ.

Les habitudes sont plus importantes que les objectifs.

Les objectifs requièrent de la volonté à chaque jour. Et si on dépend de la volonté pour réussir, c'est presque perdu d'avance.

Notre esprit conscient dispose d'une quantité limité de volonté par jour. Et cette volonté s'épuise rapidement. Résultat : une fois notre volonté dissoute, on retourne à nos vieilles habitudes pour le reste de la journée. Sceptiques ? Songez à la vitesse avec laquelle on retombe dans nos vieilles habitudes en soirée quand la fatigue s'installe.

Les habitudes s'acquièrent naturellement. On les pratique sans se poser de questions. C'est en quelque sorte notre « mode par défaut.»

Voici quelques exemples de « relâchements » lorsqu'on tombe en panne de volonté. Notre mode par défaut nous incite alors à :

- Débrancher nos cerveaux en s'installant devant la télé jusqu'à épuisement.
- Grignoter et se jeter dans la malbouffe pour le coté pratique et parce que nous sommes trop fatigués pour préparer ou aller chercher quelque chose de plus sain.

- Écouter de la musique pour se détendre.
- Naviguer sur Internet pour tuer le temps.
- Remettre à plus tard notre liste de choses à faire pour la centième fois.
- Faire une nouvelle liste de buts sur laquelle nous n'agirons jamais.
- Rêver de ce que pourrait être notre vie si nos rêves se réalisaient.

C'est ainsi que les heures et les jours s'évaporent. Nos automatismes ont pris le relais en consumant le reste de notre journée.

Notre banque de volonté est limitée.

La volonté est générée par notre conscient, soit la partie la plus faible de notre cerveau. La volonté est énergivore. Alors si la tâche ou l'objectif est important, il nécessitera plus d'énergie cérébrale que celle dont on dispose chaque jour.

Les habitudes sont automatiques.

Comme nous l'avons souligné, lorsque nous sommes fatigués, nous retombons dans nos automatismes. Ceci dit, malgré la fatigue, on continue à pratiquer de bonnes habitudes telles que :

- Nous brosser les dents ;
- Prendre une douche ;
- Manger ;
- Lacer nos chaussures avant de marcher ;
- Conduire du bon côté de la route ;

- Commencer la journée avec une tasse de café ;
- Terminer la journée avec un bol de crème glacée ;
- Sourire en saluant un étranger ;
- Tenir le téléphone en utilisant notre main dominante ;
- Nous présenter au travail avec cinq minutes de retard ;
- Quitter le travail cinq minutes trop tôt ;
- Emprunter toujours la même route pour rentrer à la maison ;
- Nous procurer des fournitures au même magasin ;
- Vérifier nos médias sociaux à notre arrivée au travail ;
- Manger le même nombre de beignets durant notre pause ;
- Chausser le pied gauche en premier, chaque matin ;
- Lancer notre linge sale au même endroit chaque soir ;
- Réagir toujours de la même façon face aux conducteurs impolis ;
- Écouter les mêmes séries télévisées semaine après semaine ;
- Visiter les mêmes sites Internet jour après jour ;
- Prendre nos pauses-cafés aux mêmes heures chaque jour ;
- Éviter de ranger notre espace de travail ;
- Parcourir les journaux du matin.

Oui, notre vie est programmée. Nous faisons presque tout par habitude.

QUI SOMMES-NOUS ?

Nous sommes l'ensemble de nos habitudes.

Bien entendu, à force de volonté, on peut changer consciemment une attitude ou une activité. Mais puisque la volonté faiblit, nos habitudes finissent par prendre le dessus.

Prenons l'exemple de Marie. Est-elle heureuse en permanence ? Oui ! Elle a pris l'habitude de réagir aux événements en adoptant une perspective positive.

Qu'en est-il de William ? Est-ce qu'il se plaint constamment ? Alors, c'est qu'il a pris l'habitude de focaliser sur les aspects négatifs des événements dans sa vie.

Peu importe la volonté que nous y mettons, nos habitudes prendront le relais lorsque notre volonté faiblira. La volonté est difficile à maintenir et on s'épuise rapidement.

Voilà pourquoi les habitudes sont importantes en marketing de réseau. Les bonnes habitudes que l'on forme nous rapprochent constamment de nos objectifs.

Nous sommes sur le pilote automatique.

Notre conscient ne traite qu'une pensée à la fois, point final. Peu importe sur quoi on porte notre attention, on peut contrôler cette pensée.

Malheureusement, on doit prendre des centaines de décisions chaque minute, simplement pour demeurer en vie. Et toutes ces décisions sont prises automatiquement par notre inconscient.

Qu'est-ce que l'inconscient ?

Voici une explication simple que nous pouvons utiliser dans le cadre de notre étude sur les habitudes. Notre inconscient est « un ensemble de programmes et d'habitudes automatisés. »

Ainsi, presque tout ce que nous faisons n'est en fait qu'un programme ou une habitude que nous avons développé au fil du temps. Voici quelques exemples de ces automatismes :

- Contracter le ventricule gauche de notre cœur pour assurer la circulation du sang.
- Attribuer 40% de l'énergie nerveuse à ce muscle.
- Cligner des yeux pour les hydrater
- Créer 30,000 nouvelles enzymes digestives.
- Contracter le muscle de la cuisse pour maintenir notre équilibre.
- Initier une autre respiration.
- Sourire à un passant.
- Répondre à un commis-vendeur : « Je ne fais que regarder. »
- Garder notre voiture dans la bonne voie pendant qu'on porte notre attention sur une chanson à la radio.
- Toujours tourner à gauche à la même intersection.
- Détester le réveille-matin.
- Se montrer sceptique envers les vendeurs.

- Saupoudrer du sel sur nos aliments avec notre main droite.
- Éliminer nos cellules T4 affaiblies.
- Enfiler nos sous-vêtements en premier lieu.
- Toujours nous asseoir au même endroit pour dîner.
- Nous plaindre des mêmes choses devant la machine à café.
- Nous regarder quand on passe devant le miroir.

La liste est sans fin. Toutes ces décisions sont automatisées ; elles ne dépendent ni de notre conscient, ni de notre volonté.

Nous sommes vraiment la somme de nos habitudes. Nous vivons notre vie sur le mode « pilotage automatique. »

Changer nos habitudes, transformer nos vies.

Si on désire transformer nos vies, il suffit de changer nos programmes et nos habitudes. Les transformations se produiront automatiquement, sans avoir à user d'une volonté de fer.

On peut se détendre, comme le font les pilotes d'avion commerciaux, lorsque le pilote automatique prend tout en charge pour la majeure partie du vol.

Et tout comme le pilote, on peut régler notre destination sur le pilote automatique pour se rendre où on veut.

Notre tâche consiste à développer de nouvelles habitudes et à les laisser nous mener à bon port.

Le pilotage automatique peut-il fonctionner en marketing de réseau ?

Absolument ! En fait, il s'agit de la façon la plus efficace de développer notre entreprise. Nous avons des habitudes parce qu'elles nous semblent naturelles et faciles à pratiquer. Elles constituent notre réglage par défaut.

Aimeriez-vous avoir du plaisir dans le développement de votre entreprise de marketing de réseau ? Bien sûr. Alors pour-quoi ne pas rendre processus agréable, naturel et... automatique ?

Inutile de nous sentir coupables lorsque la volonté nous abandonne. Nous allons plutôt nous appuyer sur nos habitudes pour nous mener confortablement vers nos buts.

La création de nouvelles habitudes sera-t-elle difficile ou pénible ?

Les techniques simples proposées dans ce livre vous faciliteront la tâche. Développer de nouvelles habitudes requiert une bonne dose d'effort et quelques compétences. Mais souvenons-nous de l'alternative : se résigner à toujours à dépendre de l'esprit conscient et sa volonté limitée. Ce serait bien trop pénible. Créer de nouvelles habitudes est une bien meilleure option pour nous permettre d'atteindre nos objectifs.

Quelques exemples simples de création d'une nouvelle habitude ?

Le rasage. Si on commence habituellement à raser le côté gauche de notre visage, c'est que nous avons créé une habitude.

14

Par conséquent, il nous semblera étrange de commencer par le côté droit.

Cependant, il suffit de commencer à raser le côté droit d'abord pendant une semaine pour que cela devienne normal et confortable. Nouvelle habitude. Simple et facile.

Un autre exemple ? Joignons les mains et observons lequel de nos pouces est sur le dessus. Recommençons en inversant consciemment la position de nos pouces. La plupart des gens diront que cela leur semble un peu étrange.

Attendons 30 secondes et reprenons l'exercice. Ça nous semble déjà moins inconfortable. Séparons les mains et recommençons à plusieurs reprises. En peu de temps, le sentiment étrange disparaît. Ça nous semble maintenant beaucoup plus normal ; peut-être pas aussi confortable qu'une habitude, mais nous progressons.

Oui, nous pouvons nous créer de nouvelles habitudes. Certaines se développeront rapidement, d'autres nécessiteront plus de temps. Prenons l'exemple d'une jeune femme qui commence à porter un sac à main. Au début, elle l'oubli et le laisse régulièrement derrière elle. Mais après quelques mois, se souvenir de reprendre son sac à main avant de quitter s'est ajouté à son éventail d'habitudes automatisées.

Je me rappelle mon premier téléphone cellulaire. Je l'oubliais facilement dans les restaurants et chez des amis. Il m'a fallu des mois pour développer l'habitude de penser à récupérer mon téléphone avant de quitter un endroit.

Faut-il 21 jours pour se créer une habitude ?

De toute évidence, non. Il a fallu des mois pour créer l'habitude de récupérer un sac à main ou un téléphone cellulaire avant de quitter. Par contre, placer la main sur une plaque de cuisson brulante suffit à créer, en un instant, l'habitude de ne plus jamais recommencer.

Le temps ne crée pas une habitude. Les deux facteurs déterminants qui génèrent les habitudes sont :

1. Le degré d'importance qu'on accorde au résultat.

2. L'intensité de l'expérience.

Donc, la répétition d'une action peut contribuer à son développement, mais elle ne garantie en aucun cas la création d'une habitude permanente.

Voici cependant quelques bonnes nouvelles concernant la formation des nouvelles habitudes.

L'effet domino.

Lorsque nous étions enfants, nous jouions avec des dominos. On s'amusait à placer 10, 100 et même 1000 dominos tout près les uns des autres. Ensuite, on poussait le premier domino et on s'émerveillait devant la réaction en chaîne qui s'ensuivait.

Le record mondial est de 500,000 dominos à tomber en cascade. C'est tout un exploit ! Le plus merveilleux, c'est qu'il suffit de faire tomber la première pièce. L'effet domino qui s'ensuit ne requiert aucun effort supplémentaire de notre part.

Pour établir un parallèle avec les habitudes, cette réaction en chaîne a été observée dans le cadre d'une étude menée à la Northwestern University Medical. L'étude a démontré que le fait de changer une seule mauvaise habitude provoquait un effet domino sur d'autres mauvaises habitudes.

L'effet domino dans la vraie vie.

Michel décide de perdre du poids. Afin d'éviter de subir un échec, il ne s'en remettra pas seulement au pouvoir de la volonté pour atteindre son objectif. Surtout pas. Il va plutôt changer une seule de ses habitudes et laisser l'effet domino créer une nouvelle chaîne d'habitudes dans sa vie. Voici son plan :

1. Il va débuter avec un tout petit pas. Hors de question de choisir quelque chose de difficile. Il mettra en place une nouvelle habitude toute simple qui lui offrira un potentiel de réussite maximum.

2. Au lieu de se priver de manger, cacher de la nourriture ou soulever des poids au gym, Michel opte pour un premier pas facile. Il a décidé de créer l'habitude de se lever 20 minutes plus tôt chaque jour.

Pour compenser toute difficulté potentielle reliée au fait de se lever plus tôt, Michel se donne le droit de se coucher 20 minutes plus tôt chaque soir.

3. En se levant plus tôt, Michel ne fait que prendre une marche de 20 minutes.

4. Michel apprécie ses 20 minutes de tranquillité chaque matin. Pendant ce moment privilégié, il planifie

sa journée, s'éclaircit les idées ou opte parfois pour une paire d'écouteurs et sa musique préférée.

Un an plus tard, Michel a perdu 18 kilos !

L'effet domino pour Michel.

La courte marche de 20 minutes chaque matin est-elle le seul facteur qui a permis à Michel de perdre autant de poids ? Non.

Est-ce que cette marche a été le facteur principal dans sa perte de poids ? Non.

Alors que s'est-il produit ?

Sa nouvelle habitude de marcher pendant 20 minutes a provoqué une réaction en chaîne. Pendant sa marche, Michel a réfléchi à ses choix. Il a commencé à surveiller ce qu'il mangeait. Il a décidé de manger un peu moins le soir et il a réduit sa consommation de bière au retour du travail.

Est-ce que ce fut difficile au départ ? Un peu, mais rien de déroutant. Après tout, ça n'était qu'une marche de 20 minutes au réveil.

Michel a remarqué qu'il se sentait mieux. Il était plus énergique tout au long de la journée. Et Michel a aussi remarqué qu'il ne se sentait pas très bien lorsqu'il devait sauter cette « thérapie » matinale.

Au fil du temps, Michel se sentais moins stressé. Il a réduit sa médication de même que sa consommation de bières, boissons gazeuses et autres stimulants. Ces nouvelles habitudes ont toutes suivi sa décision toute simple de se lever 20 minutes plus tôt pour prendre une marche. Cette nouvelle habitude a produit un effet domino qui a catalysé la réussite de Michel.

Est-ce applicable à notre entreprise de marketing de réseau ?

Pourrions-nous débuter chaque journée avec une activité de 15 minutes susceptible de produire cette réaction en chaîne sur notre entreprise ? Ou que diriez-vous de débuter avec une toute petite activité de cinq minutes ? Ça vous semble encore trop ? Allons-y avec une activité de deux minutes ?

Nous sommes aux commandes. On peut activer notre pilote automatique pour exécuter les bonnes activités en créant nos propres habitudes.

Come pour le pilote d'avion, tout commence par nous. Aucune magie ne peut opérer si on n'amorce rien. On doit déterminer :

1. Notre destination.

2. Les activités quotidiennes ou les habitudes souhaitées.

3. Et, si nécessaire, les compétences à acquérir pour maximiser l'efficacité de nos nouvelles habitudes.

Les habitudes sont fantastiques.

Les habitudes sont nos amies.

Les habitudes nous propulseront vers nos objectifs… de façon automatique.

HABITUDE # 1 :
LE DÉVELOPPEMENT PERSONNEL.

Commençons par nous créer une habitude simple. Est-ce que ce sera la seule habitude que nous développerons ? Bien sûr que non.

Les astuces et stratégies présentées dans ce livre auront plus de sens une fois que nous aurons examiné ce premier exemple de création d'une habitude.

« Je désire être plus positif. »

Ça pourrait bien être notre premier défi lorsqu'on débute notre carrière en marketing de réseau. Trop souvent, on tend à mijoter dans son propre univers négatif.

Les nouvelles négatives à la télé, les commentaires négatifs sur Internet, les conversations négatives au travail, les cercles sociaux négatifs… Toute cette négativité s'additionne et limite considérablement la foi que nous pouvons entretenir envers notre potentiel.

L'antidote ? Le développement personnel.

Les impressions négatives limitent notre capacité à croire aux nouvelles possibilités que propose le marketing de réseau.

On doit contrebalancer cette surcharge d'impressions négatives. Comment ? En nous exposant au développement personnel positif.

Les plus grands leaders en marketing de réseau semblent
tellement positifs. Naturellement, c'est chose facile pour eux de
croire aux possibilités ; ils en jouissent déjà depuis un certain
temps !

Cependant, ces super leaders n'ont pas débuté leurs carri-
ères avec une totale confiance en eux et envers leur entreprise.
Ils ont développé cette attitude au fil du temps. Comment ?

- En écoutant des albums de croissance personnelle ;
- En lisant des biographies de gens inspirants qui ont
  connu la réussite ;
- Ils ont participé à des ateliers et des séminaires ;
- Ils se sont associés à des gens encore plus positifs aussi
  souvent que possible.

Ces leaders ont poursuivi ces activités sans relâche. Ils ont
transformé ces activités en habitudes.

« Je n'ai pas de temps pour ça. »

Ah oui ? Mais c'est justement là que les habitudes viennent
à la rescousse ! Les excuses fonctionnent lorsqu'il s'agit de par-
lementer avec notre esprit conscient, lorsqu'on doit réfléchir
pour prendre une décision.

Mais les habitudes ? Elles s'exécutent automatiquement.

Quelle est l'excuse la plus facile à utiliser pour éviter d'investir du temps dans le développement personnel ?

« Je n'ai pas de temps pour ça. »

Vous savez quoi ? Personne n'a de temps. Nous sommes tous occupés par la famille, le travail, nos activités quotidiennes... bref, à vivre nos vies !

Alors plutôt que de combattre cette excuse en usant de volonté, nous allons instaurer une nouvelle habitude dans nos vies.

Toujours convaincus de ne pas avoir le temps de développer une nouvelle habitude ? Dites moi, combien de temps gaspillez-vous chaque jour à parler de la température ?

Et combien de temps perdez-vous à naviguer sur les médias sociaux pour y voir ce que vos amis ont mangé pour dîner ?

Les habitudes se prennent.

Plutôt que d'essayer de « fabriquer du temps, » nous pourrions intégrer une nouvelle habitude à notre routine quotidienne.

J'ai un ami du nom d'Alejandro. Chaque matin, sous la douche, il écoute des enregistrements de croissance personnelle. Plutôt que d'écouter de la musique ou le silence, il imprègne son cerveau de nouvelles croyances et compétences pour lui permettre de faire avancer sa carrière.

Quelle quantité d'efforts et de volonté cela exige-t-il ? Aucune. C'est facile.

Il doit prendre sa douche et se préparer pour sa journée de toute façon. Il lui suffit d'appuyer sur le bouton « lecture » de son appareil et d'écouter pendant qu'il se prépare. Une perspective plus positive et de nouvelles idées bombardent son esprit sans nécessiter d'effort supplémentaire.

Un autre ami, David, a développé une passion pour comprendre le processus de décision chez les humains. Il apprécie davantage lire un livre sur ce sujet que d'écouter la télé en soirée. Chaque soir, il enrichit sa connaissance et sa compréhension du cerveau humain. Les vibrations négatives du bulletin de nouvelles de fin de soirée ne lui manquent pas.

Quelle quantité d'efforts et de volonté a-t-il besoin de déployer ? Aucune. David adore est passionné par ses lectures.

Mon père déteste faire de l'exercice. Il ne court jamais parce que la course lui semble ennuyeuse et exige trop d'effort. Impossible pour lui d'envisager de faire de la course à pieds une habitude.

Cependant, il aime bien écouter des enregistrements audio portant sur le marketing. Il peut donc marcher en écoutant ses fichiers audio, tout en améliorant sa santé et ses connaissances. Marcher est une activité simple. Et ça ne lui semble pas ennuyant lorsqu'il marche en s'instruisant sur un sujet qui l'intéresse.

Combien d'efforts de volonté cela exige-t-il ? Aucuns. C'est facile. Mon père n'a qu'à écouter quelque chose qui lui plait pendant qu'il marche.

Connaissez-vous des personnes qui font la navette entre la maison et le travail ? Plutôt que d'écouter et mémoriser les paroles déprimantes des chansons country-western, elles pourraient écouter des enregistrements portant sur des histoires inspirantes.

La plupart des gens ont une pause-midi au travail. Plutôt que de s'asseoir avec des collègues qui se plaignent en racontant leurs vies, ils pourraient aller marcher et s'imprégner d'idées positives en écoutant des balados ou autres enregistrements.

On pourrait se dire : « Hé ! Je pourrais même conserver un recueil de pensées positives dans la salle de bain ! »

Les habitudes discutées plus haut ne monopolisent aucun temps supplémentaire dans notre journée. Et toutes ces activités peuvent devenir des habitudes naturelles et amusantes. De nos jours, la plupart des livres et fichiers audio peuvent être téléchargés sur nos appareils portatifs. Nous n'avons donc pas à trimbaler un livre papier avec nous et utiliser l'excuse : « C'est embarrassant. »

Faire en sorte que cet exemple fonctionne.

Vous rappelez-vous l'objectif que nous avions en tête dans ces exemples ? Devenir plus positifs. Alors mettons en place une nouvelle habitude pour concré-tiser le tout. Les exemples nous ont offert plusieurs options. Histoire de pousser un peu plus loin notre compréhension de la formation des habitudes, nous en choisirons un parmi les précédents :

Écouter des enregistrements audio sur le développement personnel en se préparant pour le travail.

Pourquoi avons-nous choisi cette option ?

Quatre raisons :

1. Facilité. Écouter n'exige aucun effort.

2. Ne nécessite ni volonté, ni temps supplémentaire dans notre journée.

3. Elle nous permet de bien démarrer la journée. Et la probabilité que cette habitude se développe en l'instaurant en début de journée est beaucoup plus grande. Si on attend la fin de la journée, trop d'activités pourraient interférer avec notre nouvelle habitude.

4. Plutôt simple d'intégrer cette habitude à notre routine quotidienne.

Pas de stress, pas de rejet. Cette nouvelle habitude sera facile à créer. Après avoir appuyé chaque jour pendant une semaine ou deux sur le bouton « lecture » en se levant, cette nouvelle habitude nous semblera aussi naturelle que se brosser les dents.

Le résultat ?

Nous deviendrons plus positifs. Objectif atteint !

METTRE EN BRANLE CETTE HABITUDE.

Nous sommes impatients de débuter cette nouvelle habitude matinale de développement personnel. Ceci dit, cette habitude ne se mettra pas en place simplement par le simple pouvoir de la pensée. On doit la planifier. On doit rendre la pratique de cette habitude inévitable.

Voici un certain nombre de choses que nous pouvons faire pour accroître nos chances de mettre en place cette habitude dans nos vies.

1. Si on prévoit écouter des fichiers audio portant sur le développement personnel sur notre téléphone intelligent, achetons-nous de petits haut-parleurs abordables. Nous pourrons alors écouter sans s'embarrasser d'écouteurs, même sous le jet bruyant de la douche.

2. Commander une variété d'enregistrements audio. Peut-être un album sur les objectifs, et un autre sur la motivation. En variant les sujets, on ne se lassera pas d'apprendre.

3. Inclure des fichiers audio portant sur le développement de compétences. Programmer notre esprit à la réussite est excellent, mais on souhaite aussi acquérir des outils pour concrétiser nos nouveaux plans. Incluons par exemple des enregistrements audio qui nous enseignent comment aborder

des prospects, conclure des ventes, susciter l'intérêt, diriger une équipe, etc.

 # 4. Charger l'appareil qu'on utilise pour lire nos enregistrements près de l'endroit où on se prépare chaque matin. De cette façon, il sera toujours à portée de main pour démarrer la lecture. On peut le placer près de notre brosse à dents, ou mieux encore, à coté du réveille-matin.

 # 5. Se récompenser en se versant une tasse de notre café favori ou autres breuvages qu'on affectionne au petit déjeuner. Assurons-nous d'avoir sous la main de la lecture portant sur le développement personnel qu'on pourra parcourir en sirotant notre café. Notre nouvelle habitude pourrait provoquer l'annulation de notre abonnement au journal quotidien négatif. Nous le remplacerons par un livre de notre auteur-motivateur préféré.

 # 6. Pendant que notre habitude gagne en force, on pourrait souhaiter prolonger notre période de développement personnel. On pourra alors se procurer une bonne paire d'écouteurs afin de poursuive notre écoute en faisant la navette si on utilise le transport en commun. Si on conduit pour se rendre au travail, il suffit d'augmenter notre banque d'enregistrements audio pour prolonger notre apprentissage sur la route.

 # 7. Aimons-nous stimuler notre cerveau ? Si oui, il faut s'assurer que certains de nos fichiers audio nous apprendrons de nouvelles choses. On pourrait par exemple apprendre comment fonctionne notre cerveau, ou de nouvelles façons d'aborder les prospects. On désire rendre l'activité intéressante afin de maintenir l'intérêt envers la pratique de notre habitude.

 # 8. Utiliser une affirmation. C'est une autre façon de nous aider à développer notre nouvelle habitude. On s'affirme à soi-même que nous avons déjà acquis cette habitude. Voici une formule simple : « Je suis le type de personne qui fait ces choses là. » Dans notre exemple, l'affirmation que l'on pourrait se répéter tout au long de la journée serait : « Je suis accroc au développement personnel. J'adore ça. »

Vous aimeriez renforcer ces affirmations ? Il suffit d'utiliser des papillons adhésifs (post-it) sur le miroir, le téléviseur, le frigo, l'ordinateur, etc.

 # 9. S'associer à des gens qui nourrissent la même passion que nous pour le développement personnel. Une des citations célèbres de Jim Rohn est : « Vous êtes la moyenne des cinq personnes avec qui vous passez le plus de temps. » Si on s'associe à des gens qui pensent comme nous, nos conversations seront plus agréables. Avec le temps, nous passerons ainsi moins de temps avec les gens qui potinent, relatent des événements négatifs ou se comportent en victimes.

Vous commencez à percevoir une tendance ?

On concentre nos efforts sur l'acquisition d'une seule habitude à la fois. On désire que cette habitude s'ancre dans notre vie. Cela nécessitera du temps.

C'est facile de perdre le focus et se lancer dans le développement de plusieurs habitudes à la fois... mais c'est contre productif. Les habitudes requièrent focus et répétition. Attardons-nous davantage sur la puissance de la focalisation.

COMMENT SE DÉVELOPPENT LES HABITUDES.

« Les vieilles habitudes ont la vie dure ! »

« On n'apprend pas de nouveaux tours à un vieux chien ! »

Ces expressions sont-elles exactes ? La plupart du temps, oui.

Il est plus facile de citer une expression que d'assumer la responsabilité de notre transformation. Mais on désire changer, n'est-ce pas ?

Alors comment faire pour délaisser nos vieilles habitudes pour en acquérir de nouvelles ?

Premièrement, on doit oublier le passé. Cessons de penser à nos mauvaises habitudes actuelles.

Deuxièmement, concentrons-nous entièrement sur notre nouvelle habitude. Lorsque notre esprit est focalisé à 100% sur notre nouvelle habitude, il ne reste plus d'espace pour laisser notre vieille habitude coexister.

Étude de cas conçue pour nous aider à oublier le passé et nous concentrer sur l'avenir.

Au cours des Jeux olympiques d'été de 2012, Rigoberto Uran était sur le point de rafler la médaille d'or en course à pied. Il n'était qu'à quelques centaines de mètres de la ligne d'arrivée. Un seul coureur était en mesure de lui voler son titre et sa place sur la plus haute marche du podium.

Mais, à environ 300 mètres de la ligne d'arrivée, Rigoberto a commis une grave erreur : il a jeté un coup d'œil par-dessus son épaule pour voir à quelle distance se trouvait son rival. Malheureusement, ce bref moment d'inattention a modifié sa foulée et a permis à Alexander Vinokourov de le dépasser et... de mériter l'or.

Que s'est-il produit ? Alexander Vinokourov s'est concentré entièrement sur l'avenir, soit la ligne d'arrivée. Il a rapporté chez lui la médaille d'or.

Rigoberto Uran s'est concentré sur le passé et, malheureusement, a quitté les Jeux avec une médaille d'argent. Plutôt que de se concentrer sur la ligne d'arrivée, il a choisi de regarder derrière lui.

Focaliser : La priorité # 1.

Créer une nouvelle habitude ne se concrétisera pas si nous n'en faisons qu'une pensée passagère. Les nouvelles habitudes requièrent temps et engagement. On doit concentrer notre attention sur notre nouvelle habitude jusqu'à ce qu'elle devienne un automatisme.

EST-CE QUE JE PEUX ARRIVER À CRÉER DE NOUVELLES HABITUDES ?

Voici la bonne nouvelle. Nous savons déjà comment créer de nouvelles habitudes. Nous l'avons fait toute notre vie.

Nous habitudes actuelles constituent une grande partie de ce que nous sommes aujourd'hui.

Nous avons acquis les habitudes de prendre une douche, nous brosser les dents, lacer nos chaussures, et bien d'autres.

Comment avons-nous fait ?

En focalisant. Et ce fut chose facile car nous avions un désir ardent de créer une nouvelle habitude ou compétence.

Nous avons appris à marcher.

Les enfants décident qu'ils veulent marcher. Ils prennent cette décision lorsque le moment leur convient.

Pourquoi décident-ils de marcher ? Pour plusieurs raisons.

- Ils veulent faire comme tout le monde.
- Ils croient que ça pourrait être amusant.
- C'est une façon plus rapide de passer d'un endroit à l'autre.

- C'est un nouveau défi.
- Ils croient que c'est possible. Ils voient d'autres personnes marcher.

Réussissent-ils à marcher dès leur première tentative ? Non. Leur taux d'échec est de 100% à leur première tentative.

Mais, ils ont le désir. Qui sait combien de temps ils se préparent mentalement avant de commencer à tenter de marcher ?

Puis vient la phase des essais, des erreurs et des chutes. Le processus est long, mais leur désir de réussir les pousse à continuer.

Quelques mois plus tard, ils ont développé l'habitude d'une vie, celle de marcher, et elle est entièrement automatisée. Ils n'auront plus jamais besoin de réfléchir avant de marcher.

Si on éprouve de la difficulté à créer une nouvelle habitude, c'est peut-être parce que notre désir n'est pas suffisamment intense.

Alors faites en sorte de désirer ardemment l'habitude du développement personnel.

POURQUOI CAPITALISER SUR LE DÉVELOPPEMENT PERSONNEL POUR COMMENCER ?

1. On peut créer notre habitude de développement personnel sur le champ. Pas besoin de se rendre au gym, mettre des vêtements sport et prendre un rendez-vous pour démarrer immédiatement.

2. On n'a pas besoin d'attendre que notre partenaire de responsabilisation soit disponible. C'est une habitude que nous pouvons pratiquer en solo.

3. L'exercice physique peut nous donner des courbatures le lendemain. Nous aurions alors l'excuse idéale pour ne pas faire d'exercices le second jour. Par contre, écouter des enregistrements audio sur le développement personnel n'a jamais occasionné de traumatisme. Les blessures aux tympans sont rares.

4. Nous avons tous des pertes de temps au cours d'une journée. Parfois ça ne représente que quelques minutes, mais c'est parfois beaucoup plus. Nous pourrions profiter de ces périodes pour écouter des enregistrements audio. Par exemple, en faisant la file pour le repas du midi. Naturellement, on ne

pourrait pas enfiler nos vêtements de jogging pour faire de l'exercice durant cette attente, mais nous pouvons écouter un audio sur l'art de converser plutôt que de fixer le vide.

5. Le développement personnel aide à renforcer l'image de soi, c'est-à-dire, la façon dont on se perçoit. Voici un bon exemple.

Imaginons une personne sans emploi depuis des années. Cette personne occupe sa journée en regardant des feuilletons télévisés et en se gavant de croustilles. Un jour, cette personne reçoit un million de dollars d'un donateur inconnu. Où en sera cette même personne trois années plus tard ? Probablement fauchée, assise devant la télé, avec un sac de croustilles. Pourquoi ? Parce que cette personne n'avait pas cultivé en elle l'esprit du millionnaire.

Pour devenir millionnaire, on doit croître intérieurement afin de devenir le type de personne susceptible de devenir millionnaire. Donner un million de dollars à une personne ne la changera pas.

Regardons la situation inverse. Si une personne a atteint le statut de millionnaire par elle-même et, qu'elle perd tout dans une saga judiciaire… Quelle sera vraisemblablement sa situation trois ans plus tard ? Retour au sommet. Pourquoi ?

Parce que cette personne se perçoit comme un ou une millionnaire. La perte de sa fortune n'était qu'un événement passager dans son esprit.

« Si on désire avoir ou être plus, on doit devenir plus. »

On dit souvent que : « l'argent ne fait qu'amplifier ce que nous sommes. » Par conséquent, si nous sommes idiots, l'argent ne nous rendra que plus idiots. On doit se transformer de l'intérieur.

6. Sommes-nous attirants ?

Pensons à une sortie sociale quelconque. Avec qui désirons-nous avoir une conversation ? Quelqu'un de positif ou quelqu'un de négatif ?

Pensons maintenant à nos prospects potentiels. Avec qui croyons-nous que les prospects désirent s'associer ? Avec quelqu'un qui se considère comme une victime ? Ou à une personne en quête perpétuelle des possibilités et des opportunités qu'offre la vie ?

Le fait de déposer constamment de nouvelles connaissances liées au développement personnel dans notre esprit rapportera gros en marketing relationnel. Nous passerons moins de temps à chercher des prospects, et plus de temps à les attirer vers nous.

Et en guise de bonus, nos vies personnelles vont aussi y gagner et nos relations deviendront plus positives.

7. Le temps qu'on consacre au développement personnel peut facilement être révisé à la hausse. Au début, on n'y consacre peut-être que cinq minutes par jour. Plus tard, nous pourrons prolonger ces cinq minutes en lisant un chapitre d'un livre inspirant plutôt que d'écouter le bulletin d'informations.

Réviser à la hausse ?

Oui. En investissant davantage dans cette première habitude, les autres habitudes deviennent plus faciles à créer. Souvenez-vous de l'effet domino dont nous avons parlé pus tôt.

GAGNER DU PREMIER COUP.

Nos chances de réussite sont meilleures lorsqu'on choisit une habitude simple. Moins de volonté à déployer, et moins de décisions traumatisantes à prendre. On peut poursuivre cette nouvelle habitude avec un minimum de stress.

Mettons en place la version la plus accessible de notre nouvelle habitude pour commencer. On pourra ensuite « gonfler » notre nouvelle habitude.

Quand on choisit de développer l'habitude du développement personnel, on débute avec cinq ou dix minutes par jour en se préparant pour le travail. Une fois cette habitude établie, on peut « gonfler » le temps qu'on consacre au développement personnel à 15 minutes, 20 minutes, ou même 30 minutes par jour.

Il suffit de se rappeler d'y aller graduellement. Des petits ajustements n'exigeront pas de volonté supplémentaire.

Voici une bonne façon de se souvenir qu'il faut y aller graduellement. Imaginons qu'on planifie de courir un marathon. Avouez que 42.2 kilomètres représentent un long trajet. Si on se lance sur une telle distance le premier jour, nous échouerons.

3 HABITUDES FACILES POUR MARKETING DE RÉSEAU

Nous allons plutôt débuter modestement. Si nous n'avons pas la forme, nous commencerons par une marche de 10 minutes par jour et on augmentera sa durée petit à petit. On pourra ensuite commencer à courir. Et nous pourrons finalement prolonger la durée de notre course un peu plus chaque semaine jusqu'à ce qu'on puisse courir un marathon.

Comparons Laura et Marie.

Laura et Marie ont pris comme résolution du Nouvel An de perdre du poids.

Laura s'y est lancé corps et âme. Nouveaux vêtements, nouvel abonnement premium au gym, livres sur la nutrition, triage intensif du contenu de son garde-manger et son réfrigérateur... Le tout renforcé par un nouveau tableau de visualisation et de toute la volonté qu'elle a pu rassembler.

Jour 1. Diète constituée de miettes de pain. Séance d'exercices exténuante de deux heures.

Jour 2. Laura meurt de faim. Tous les muscles de son corps lui font mal. Elle est incapable d'atteindre les lacets ses chaussures. Impossible de grimper dans la voiture pour se rendre au travail. Alors que fait Laura ?

Laura laisse tomber sa séance d'exercices du jour deux. Elle choisit plutôt de se goinfrer de malbouffe et se reposer devant le téléviseur.

Jour 3. Laura tente quelques exercices, mais elle abandonne, ses muscles étant toujours sous le choc. Elle se console en avalant un beignet.

Jour 4. Laura néglige sa séance d'exercices mais n'oublie pas son bol de crème glacée.

Jour 5. Laura abandonne sa résolution du Nouvel An. Elle a essayé, elle a échoué. Elle en déduit que sa vie est trop chargée pour respecter ce type d'engagement.

Laura prend du poids. Et elle mange encore plus de beignets pour soulager le stress occasionné par son gain de poids.

Et Marie ?

Marie commence petit. Vraiment petit.

Pas d'abonnement au gym. Pas de nouveaux vêtements. Pas de diètes contraignantes. Juste un tout petit pas pour débuter sa première semaine de remise en forme.

Que fait-elle ?

Semaine 1. Plutôt que de commander des frites pour accompagner son dîner, elle opte pour une patate douce rôtie. Elle fait la même chose tous les jours de la semaine, si bien que sa tactique de remplacer sa frite par une patate douce rôtie se transforme en habitude.

Semaine 2. Marie adore regarder la télé pour se détendre après le travail. Chaque soir elle se permettait deux heures de ses émissions favorites. Marie décide de réduire de 30 minutes ce temps passé devant le téléviseur. Pour remplacer ces 30 minutes assises, elle les transfère dans une activité qui l'oblige à bouger. Ça peut être une marche, nettoyer la maison, ou parcourir les allées de son magasin favori.

Semaine 3. Marie élimine un beignet de sa pause-café du matin. Elle le remplace par collation saine. Après seulement une semaine, sa dépendance au beignet matinal s'estompe. Une nouvelle habitude est créée.

Marie commence à perdre du poids de façon graduelle. Elle se sent mieux. Sa nouvelle habitude l'aide à gérer son poids de manière automatique.

Petits changements. Résultats énormes !

HABITUDE # 2 : RENCONTRER UNE NOUVELLE PERSONNE CHAQUE JOUR.

Nous pouvons jouir d'une attitude superbe, une estime de soi fantastique, et même de super talents de communicateur... si nous n'avons personne à qui parler, notre carrière en marketing de réseau ne fera pas long feu.

Avoir plus de prospects vaut mieux que... avoir moins de prospects. Cela va de soi.

Avoir plus de prospects augmente instantanément la confiance en soi. Si le succès de notre entreprise ne repose que sur quelques prospects, on démontrera alors des signes de stress et d'anxiété.

Mais si on développe un immense bassin de prospects ? Alors le fait de vivre une situation difficile avec un prospect nous affectera beaucoup moins. On se dira : « Hé, j'ai dix autres prospects à qui parler cette semaine et ils seront sans doute plus agréables que ce prospect négatif. »

Notre posture compte.

Songez à : Comment les autres nous perçoivent ? Est-ce qu'on semble désespérés ou confiants ?

Si on aborde un prospect en lui disant : « J'ai essayé de te joindre par téléphone. As-tu reçu mes 32 messages vocaux ? » Ce prospect perçoit sans doute le désespoir. Personne ne désire suivre quelqu'un de désemparé.

Et si au contraire on arrive à parler calmement à un prospect sans se sentir dépendant ou désespéré ? Alors notre langage intérieur ressemble plutôt à : « Mon temps est limité. Je peux parrainer et former quelques personnes seulement. Je préfère choisir des prospects motivés. »

De cette façon, nous sommes plus attrayants pour nos prospects. Ils ne perçoivent aucune forme de désespoir. Ils ressentent plutôt notre réussite imminente.

Facile d'avoir confiance en soi quand on peut choisir parmi plusieurs prospects. Mais comment faire pour dresser une liste massive de prospects ?

En rencontrant de nouvelles personnes, tout simplement.

Si nous sommes introvertis, rencontrer de nouvelles personnes peut être intimidant. Ce qui nous laisse deux options :

1. S'aventurer constamment hors de notre zone de confort et être inconfortable chaque jour où on développe notre entreprise.

2. Acquérir de nouvelles compétences qui nous permettront de rencontrer une nouvelle personne chaque jour tout en demeurant dans notre zone de confort. Nous serions alors heureux de bâtir notre entreprise au quotidien.

Notez que les deux approches fonctionnent. Mais la plupart des gens choisiront l'option numéro deux : « acquérir de nouvelles compétences. »

Si on redoute la perspective de rencontrer une nouvelle personne par jour, alors comment allons-nous arriver à en faire une habitude ?

Souvenez-vous qu'on désire que notre nouvelle habitude soit automatisée. On doit donc faire en sorte que rencontrer de nouvelles personnes soit une expérience agréable.

Commencer à apprendre dès maintenant.

Posons-nous cette question : « Quel est le meilleur moment d'apprendre ce qu'il faut dire à un prospect très prometteur ? »

* Avant de rencontrer ce super prospect ?
* Après avoir rencontré ce super prospect ?

La réponse est évidente.

Et une fois que nous avons appris quels mots utiliser, comment pouvons-nous prendre de l'assurance en s'adressant aux prospects ? En pratiquant. Les nouveaux distributeurs ont besoin d'acquérir de l'expérience pour parler aux prospects.

Prenons l'exemple suivant. Un jeune homme désire inviter une jeune femme à un rendez-vous galant. S'il en est à sa première expérience, on pourrait s'attendre à certaines choses :

* Nervosité.
* Bégaiement.
* Confiance en soi déficiente.

- Posture faible.
- Résultats désastreux.

Par contre, si le même jeune homme cumulait des mois ou des années d'expérience dans l'art de courtiser, on assisterait probablement à une demande plus assurée et efficace.

On s'attendrait à ce que le jeune homme s'exprime avec plus d'aplomb et une meilleure posture.

Pour faire en sorte que la rencontre d'une nouvelle personne par jour devienne une habitude confortable, nous devons faire deux choses :

1. Apprendre quoi dire quand on rencontre de nouvelles personnes.

2. Pratiquer en utilisant ces mots avec les prospects jusqu'à ce qu'on se sente confortables.

L'importance de cette habitude pour nous ?

Si on désire connaître le succès dans notre entreprise de marketing de réseau, cette habitude est primordiale. Nous n'avons pas besoin de plus de motivation. On a besoin de plus de gens à qui parler. On doit donc mettre en place cette nouvelle habitude.

Pourquoi cette habitude fera progresser notre entreprise.

Imaginons qu'on parle à 100 prospects. De ce nombre, cinq prospects ne joindront jamais notre équipe. La société les a anéantis. Leurs patrons ont siphonné leurs rêves. Ils ont renoncé à toute forme d'espoir et attendent patiemment la mort.

Dans ce même groupe de 100 prospects, nous trouverons aussi cinq personnes qui joindront notre équipe simplement parce que nous les avons approchés. Ils sont à un stade de leurs vies où ils recherchent des solutions. Notre opportunité est la solution qu'ils recherchaient. Dans ce cas, les compétences requises pour les inciter à joindre notre équipe sont minimes.

Mais qu'en est-il des 90 autres prospects ? Bien, nous aurons besoin de compétences plus avancées en communication pour faire entrer notre message dans leurs têtes. Ces compétences augmenteront au fil de notre progression en marketing relationnel.

365 jours/année = 365 nouveaux prospects pour notre entreprise.

Rencontrer un nouveau prospect par jour, c'est magique. Si cela nous effraie, il suffit de redéfinir cette activité.

Voici une façon de le faire : « Sors et va rencontrer une nouvelle personne. Ne pense pas à lui vendre quoi que ce soit. Fais-le sans aucune intention cachée. Écoute plutôt cette personne parler. Amuse-toi en tentant de détecter quel est son type de personnalité. »

Et pourquoi donner ces consignes ?

Parce qu'en tant que nouveau distributeur, on pourrait se tourmenter en pensant : « Je déteste parler aux gens avec des intentions cachées. Je sens que je développe avec les gens des amitiés superficielles ayant pour seul objectif de les recruter dans mon entreprise. »

Pourquoi ne pas transformer cette activité dans notre esprit en utilisant cette phrase :

« J'adore rencontrer de nouvelles personnes. Elles sont intéressantes. Une brève conversation avec les gens est toujours agréable. Je peux peut-être égayer leur journée. Peut-être vais-je apprendre quelque chose de nouveau. À qui puis-je dire bonjour maintenant ? »

Mettons de coté nos motifs cachés. Retranchons tout objectif d'affaires de nos conversations. Concentrons-nous plutôt sur la rencontre d'une nouvelle personne par jour pour acquérir l'expérience dont nous avons besoin.

Cela dit, si la conversation se dirige naturellement vers notre produit ou service, laissons la nature suivre son cours. Il n'existe aucune règle qui stipule qu'on doit parler d'affaires dès notre première conversation.

Est-ce qu'on se sent plus à l'aise en adoptant cette vision des choses ?

Peut-on maintenant partager une conversation plus naturelle et sans stress ?

De plus, cette approche ne provoquera aucun rejet puisqu'il n'y a rien à rejeter pour notre nouvelle connaissance.

Rencontrer une nouvelle personne par jour, c'est facile d'en parler... Mais est-ce réaliste dans la vie de tous les jours ?

UNE PERSONNE PAR JOUR ! EST-CE TROP DEMANDER ?

Nous n'avons pas besoin de nous tenir au milieu de la rue pour accoster les étrangers. Avoir une brève conversation avec quelqu'un une fois par jour n'est pas difficile. Il suffit d'user d'un brin d'imagination !

- Dire « Bonjour » à la personne en ligne derrière nous à la banque.
- Une brève séance de clavardage avec un nouvel ami sur les médias sociaux.
- Initier un bref appel téléphonique à une référence.
- Participer au déjeuner d'un groupe de réseautage.
- Accepter une invitation à une fête.
- Joindre une classe d'aérobie et rencontrer de nouvelles personnes au gym.
- Venir en aide à un ami qui déménage et rencontrer SES amis.
- Prendre des marches sur les sentiers pédestres de notre quartier.
- Devenir membre d'un club local.
- Faire la visite guidée d'une attraction locale. Il existe des tournées de vignobles, de sites historiques, de magasins et autres.

- Rechercher les festivals locaux de votre région. La plupart des villes présentent un festival culturel, un festival artistique et autres qui portent sur diverses thématiques.
- Déambuler une heure ou deux au marché aux puces local. Chaque fin de semaine, des entrepreneurs y louent un espace pour y vendre leurs produits. Vous pouvez parler aux vendeurs de même qu'aux gens qui sillonnent les tables tout comme vous.
- Vous avez des enfants ? Faites-vous un point d'honneur de participer à leurs activités. Vous y rencontrerez d'autres parents et aurez amplement le temps de discuter ensembles durant l'activité. Cours de danse, sports d'équipe, concerts et autres.
- Combien y a-t-il de petits cafés dans votre secteur ? Tous les gens qui s'y rendent n'ont pas l'intention de s'y asseoir pour fixer leurs tasses de café. Plusieurs souhaitent en fait rencontrer de nouvelles personnes... et ça pourrait être vous.
- Il y a un parc pour chiens dans le quartier que vous habitez ? Les passionnés de chiens adorent échanger avec d'autres qui partagent la même adoration. Les chiens sont un excellent prétexte pour briser la glace. Vous n'en avez pas ? Trouvez un chien à promener parmi vos amis et vos voisins.
- Vous jardinez ? Demandez des conseils au commis de votre centre jardin.
- Vous aimez lire ? Votre bibliothèque locale offre de nombreuses activités pour lecteurs.

- Allez visiter votre centre d'éducation communautaire ! On y offre habituellement des cours du soir en informatique, en écriture, en marketing, en entreprenariat, et autres. Vous pourriez y apprendre de nouvelles choses tout en rencontrant de nouveaux collègues de classe.
- Assistez à des séminaires et à des événements éducatifs. Demandez à la personne assise à coté de vous : « Que souhaites-tu apprendre en venant ici ? »
- Vous aimez la musique ? Assistez à un concert local. Les amateurs de musique aiment discuter de leur passion pour la musique.
- Magasiner ? Pensez à toutes les occasions de parler à une nouvelle personne dans cet environnement bondé d'autres clients, de commis-vendeurs, de gens qui offrent des échantillons, font des sondages, etc.
- Joignez un groupe de globetrotteurs local. Les voyageurs adoreraient jouir d'un revenu passif pour prolonger leurs voyages. Et si vous vendez des produits de nutrition, joignez un groupe de mordus de VR (Véhicules Récréatifs). Cette clientèle plus âgée aura un intérêt naturel envers le maintien d'une bonne santé.
- Si vous adorez le golf, présentez-vous seul au club. Laissez le centre vous proposer un partenaire ou, encore mieux, intégrez-vous à un groupe de quatre (foursome).
- Si la nourriture et la fine cuisine vous intéressent, joignez un club gastronomique. Vous passerez des heures à vous détendre et échanger avec les autres membres du club.
- Impliquez-vous à titre de bénévole. Toutes les organisations ont besoin de bénévoles. N'y allez pas avec des

objectifs personnels en tête. Soyez-y pour aider. Vous y rencontrerez de nouvelles personnes tout naturellement.

Ou...

- Recherchons tout simplement la compagnie de personnes négatives. Et plutôt que d'avoir pitié d'eux, pourquoi ne pas prendre l'habitude de leur poser une question ? Quand ce sera à notre tour de parler, on pourrait leur poser une question en lien avec leur situation comme par exemple : « Aimerais-tu changer les choses ? » Ou, si préférez être moins directs : « As-tu déjà songé à faire quelque chose à ce sujet ? »

Bien entendu, la plupart d'entre eux préfèrent se plaindre plutôt que de chercher une solution. Cependant, certaines personnes pourraient nous demander si nous en avons une solution à leur proposer... Merveilleux !

Ce n'est pas difficile.

N'importe qui peut donner un second souffle à sa carrière de réseauteur en créant l'habitude de rencontrer de nouvelles personnes. Quelques exemples ?

Eugène fait la navette travail-maison chaque jour en train. Sa mauvaise habitude ? Il devenait maussade en lisant le journal du matin durant le trajet.

Sa nouvelle habitude ? Il échange maintenant avec d'autres passagers. Il pose des questions sur leurs vies, leurs buts... et même ce qu'ils pensent du fait de se lever tôt pour se rendre chaque jour au travail.

Suzie avait l'habitude de naviguer sur Internet pendant sa pause du midi. Les sites de potins sont captivants et les vidéos de chats sont craquantes.

Aujourd'hui Suzie consacre sa pause du midi à se faire de nouveaux amis sur les médias sociaux plutôt que de lire les histoires des autres. Et devinez quoi ? Dans quelques mois, Suzie aura plus de 300 nouveaux amis, soit amplement pour faire passer son entreprise au niveau supérieur. Cette habitude est si simple et naturelle pour Suzie puisqu'elle poursuit sa pause du midi devant son ordinateur.

Richard accompagnait sa fille à ses pratiques et ses matchs de soccer. Ses conversations avec les autres parents se résumaient habituellement à : « Il fait beau aujourd'hui ! Température idéale pour une pratique ! » Un échange bref et poli.

La nouvelle habitude de Richard ? Lorsqu'il s'installe dans les gradins pour les matchs, Richard utilise maintenant cette approche : « Je commercialise un nouveau produit qui procure les résultats suivants. Connaissez-vous une personne qui aimerait obtenir ces résultats ? »

En modifiant son approche, Richard a maintenant plus de prospects pour son entreprise. Ça n'a bousculé en rien son agenda. Il n'a eu qu'à changer sa vieille habitude de parler de la température pour en créer une autre qui se résume à une simple question.

Anne a cessé de faire livrer ses produits à la maison. Elle les fait maintenant livrer au travail. Cela a piqué la curiosité de ses collègues qui s'informent régulièrement : « Comment va ton entreprise ? » Simple et facile.

De petits changements à nos habitudes peuvent multiplier nos résultats avec le temps.

LE SECRET ? PAS DE MOTIFS CACHÉS, PAS DE PRESSION.

Il suffit de nous placer dans un contexte pour rencontrer de nouvelles personnes. On peut utiliser notre imagination pour trouver des façons nouvelles et naturelles de contacter de nouveaux prospects.

Notre crainte de rencontrer des étrangers se dissipe lorsque nous n'avons pas de motifs cachés. Forcer une conversation en tentant de la diriger vers notre produit ou service peut être très inconfortable, surtout lorsque cette compétence nous font défaut.

En définitive, tout ce qu'on souhaite, c'est que cette nouvelle habitude nous facilite la tâche pour rencontrer de nouvelles personnes !

Nous ne sommes pas trop exigeants envers nous-mêmes. On ne s'oblige pas à faire une présentation par jour. On ne s'impose pas de rencontrer plusieurs étrangers chaque jour. Tout ce qu'on veut, c'est de rencontrer une nouvelle personne chaque jour.

Certains jours seront plus faciles que d'autres. On pourrait même avoir de la chance ! On rencontrera peut-être sept nouvelles personnes lundi et on pourra prendre congé le reste de la semaine.

MAIS QUE PUIS-JE DIRE ?

Étape # 1 : Se mettre en situation pour rencontrer de nouvelles personnes.

Étape # 2 : Utiliser les bons mots.

Cette formule est simple et nous avons déjà couvert la première étape.

Quand on ignore quoi dire, la peur nous empêche de parler aux étrangers. Comme dans toute nouvelle profession, le marketing de réseau requiert l'apprentissage de nouvelles compétences. Possible que nous n'ayons pas eu besoin de compétences pour faire la conversation dans notre carrière précédente. Si c'est le cas, c'est le moment d'en faire une priorité.

Il existe de nombreux livres et supports pédagogiques qui traitent de l'art de faire la conversation. Examinons quelques bonnes façons de démarrer une conversation maintenant. Rappelons-nous qu'on désire créer l'habitude de parler à une nouvelle personne par jour.

Engager la conversation : Astuce # 1.

La première est simple. Nous n'avons qu'à... sourire.

Notre sourire indique à un inconnu que nous ne sommes pas dangereux. L'étranger sent qu'il peut débuter une conversation avec nous sans être agressé ou rejeté. Avec un simple sourire, plusieurs personnes débuteront elles-mêmes la conversation ; nous n'aurons même pas à le faire.

Un sourire ne provoque pas de rejet. Quelle est la pire chose qui puisse arriver ? Nous sourions à quelqu'un et il ne nous retourne pas le sourire. Sa vie est peut-être misérable, nous n'en savons rien.

Nous aurons tout de même le mérite d'avoir ajouté un rayon de soleil dans sa journée. Nous poursuivons alors notre chemin.

Ceci dit, voici ce qui se produit la plupart du temps : nous sourions à quelqu'un que nous ne connaissons pas, et cet étranger nous retourne un sourire. Tout le monde se sent mieux.

Engager la conversation : Astuce # 2.

« Bonjour ! » ou « Bonsoir ! » est une bonne façon d'amorcer une conversation. Ça ne semble ni anormal, ni forcé. On le fait déjà naturellement, parfois même des douzaines de fois par jour. C'est alors facile d'enchaîner avec une conversation.

Engager la conversation : Astuce # 3.

« Vous allez bien ? » ou « Comment allez-vous ? » ou encore « Comment ça va ? »

Nous avons entendu l'une ou l'autre de ces phrases des centaines de fois. Non menaçantes, elles sont parfaitement acceptables dans le cadre d'une conversation.

Engager la conversation : Astuce # 4.

« Je suis simplement curieux… » Cette phrase est magique. Vous savez ce qui se passe dans la tête de la personne qui l'entend ?

Elle pense tout bas : « Que désire savoir cette personne ? Je peux probablement l'aider. Que puis-je faire pour aider cette personne ? »

Voici quelques exemples d'utilisation :

« Je suis simplement curieux… vous attendez en ligne depuis longtemps ? »

« Je suis curieux… vous êtes membre de cette organisation depuis quand ? »

« Simple curiosité… est-ce facile de rencontrer de nouvelles personnes dans ce gym ? »

Engager la conversation : Astuce # 5.

Les réseaux sociaux nous rappellent l'anniversaire de naissance de nos amis.

Bon nombre de nos soi-disant « amis » sur les réseaux sociaux sont des gens que nous n'avons jamais rencontrés. Voici une belle occasion de connecter avec eux.

Plutôt que d'envoyer un message simpliste comme par exemple : « Bonne fête ! »… on devrait faire quelque chose de différent pour ressortir du lot.

On peut personnaliser une photo pour eux. Ou on peut trouver une référence ou un article lié à leurs passe-temps et leurs champs d'intérêts.

Une de mes amies, Jackie, m'a envoyé un message qui demandait une réponse. Elle m'a écrit : « Joyeux anniversaire, Keith ! Qu'as-tu fait en cette journée spéciale ? »

Non seulement il s'agissait d'un message personnalisé, mais sa question a amorcé une conversation.

Engager la conversation : Astuce # 6.

« Qu'est-ce que tu as fait durant tes vacances ? » Il s'agit d'une question non-invasive. Personne ne se sentira menacé par ce type de question.

En fait, nous pouvons poser des questions sur autre chose que les vacances. On peut parler de n'importe-quel événement qui se situe dans le passé. Voici des exemples :

« Qu'avez-vous le plus apprécié de cette conférence ? »

« Qu'est-ce que ce séminaire vous a apporté ? »

« Combien de temps vous a-t-il fallu pour obtenir votre permis ? »

« Qu'avez-vous le plus aimé de cet événement ? »

Engager la conversation : Astuce # 7.

Dans les événements de réseautage, la pratique courante est de recueillir la carte d'affaire de quelqu'un. On peut ensuite passer rapidement à quelqu'un d'autre.

C'est une erreur. Ce qui compte, ce n'est pas la quantité de cartes que l'on amasse ; c'est plutôt la qualité des contacts qu'on y crée.

Voici quelques questions qui nous aideront à engager notre nouveau contact. Plus celui-ci parlera de lui, plus forte sera notre connexion. On ne deviendra pas une autre de ses cartes d'affaires qu'il envoie au recyclage en entrant au bureau.

« Comment en êtes-vous venu à travailler dans cette entreprise ? »

« S'agit-il d'une entreprise stimulante et passionnante ? »

« Comment avez-vous entendu parler de cet événement de réseautage ? »

« Dites-moi, que fait votre entreprise exactement ? »

« Qu'est-ce qui vous stimule le plus dans cette profession ? »

« Participez-vous à d'autres événements comme celui-ci ? »

« Quel est le point culminant de ces événements pour vous ? »

« Je connais peu de gens ici, alors je souhaitais me présenter à vous. »

Engager la conversation : Astuce # 8.

Quelles sont les questions « sécuritaires » que nous pouvons utiliser pour démarrer une conversation ? Et si nous ne connaissons pas notre interlocuteur ? Nous ne voulons pas être intrusifs. Les questions suivantes sont acceptables sur le plan social, et elles ne donneront pas l'impression qu'on désire fouiller dans la vie de l'autre.

« Que faites-vous dans la vie ? »

« Vous exercez ce métier depuis longtemps ? »

« Que comptez-vous faire à votre retraite ? » (Pour les 50 ans et plus !)

« Où demeurez-vous ? »

« Quel serait votre travail de rêve ? »

« Où avez-vous grandi ? »

« Avez-vous des passe-temps ? Que faites-vous dans vos temps libres ? »

« Combien vous faut-il de temps pour vous rendre au travail ? »

« Qu'aimez-vous faire pendant vos congés ou vos vacances ? »

« Quel est votre restaurant préféré dans les environs ? »

« Quel est le meilleur film que vous avez visionné récemment ? »

« Avez-vous prévu un voyage dans la prochaine année ? »

« Possédez-vous des animaux de compagnie ? »

« Vous voyagez beaucoup ? »

« Comment se déroule votre journée ? »

Engager la conversation : Astuce # 9.

Nous sommes timides ? Nous ne sommes pas seuls... Si nous sommes inconfortables de rencontrer des étrangers, plusieurs autres se sentiront comme nous.

Transportons-nous à une soirée, un événement de réseautage ou toute autre occasion à caractère social. Histoire de demeurer dans notre zone de confort, Il nous suffit de démarrer une conversation avec des gens timides tout comme nous.

Regardez autour de vous. Quels sont les individus qui se tiennent seuls en bordure de la pièce ? Ces personnes adoreraient sans doute converser avec quelqu'un, mais elles ne savent pas comment amorcer la discussion. Abordons-les en disant :

« Permettez-moi de me présenter. Je m'appelle _____. Quel est votre nom ? »

« Je suis heureux que vous vous teniez loin de tout ce tintamarre. Je m'appelle _____. »

« Vous permettez que je me présente ? Je m'appelle _____. »

« Puis-je me joindre à vous ? Il y a tellement de bruit près du bar. »

« Savez-vous qui a organisé cet événement ? »

« Savez-vous à quel moment le buffet sera servi ? Je ne sais pas pour vous mais j'ai une faim de loup. »

« Savez-vous à quelle heure se termine cet soirée ? »

Pas de chair de poule.

Lorsqu'on rencontre des nouvelles personnes, on désire faire bonne impression. On veut éviter les malaises. Évitons les questions telles que :

« Si vous pouviez être un personnage fictif, lequel choisiriez-vous ? »

« Si vous deviez mourir dans la prochaine heure, quel serait votre principal regret ? »

« Dites-moi le secret que vous souhaitez emporter dans votre tombe. »

« Quelle est la chose la plus étrange que vous ayez jamais fait ? »

« Avez-vous déjà commis un vol ? On vous a déjà arrêté ? »

« Quelle est votre raison d'être dans la vie ? »

« Avez-vous rencontré des extraterrestres récemment ? »

« Vous entendez aussi des petites voix dans votre tête ? »

« Si vous échouiez sur une île déserte, avec qui aimeriez-vous être isolé ? »

De telles questions requièrent une plus grande proximité entre les deux parties, ce qui n'est pas le cas lors d'un premier contact. Donc, mieux vaut s'en tenir à des questions plus anodines.

Autre astuce. Assurons-nous de parler un peu de nous durant l'échange ; on ne veut pas que notre discussion ressemble à un interrogatoire.

Pour conclure.

Rencontrons une nouvelle personne par jour.

La répétition rendra le processus confortable. En développant cette habitude, nous saurons instinctivement quelles sont les bonnes choses à dire et le bon moment pour le faire lorsqu'on croisera notre prochain prospect de qualité.

Lorsqu'on met en place l'habitude de contacter une nouvelle personne par jour, cette activité contribue à la croissance de notre entreprise tout naturellement. Ça deviendra aussi simple que de lacer nos chaussures.

Les habitudes travaillent pour nous en coulisses sans devoir y consacrer beaucoup d'efforts. Nous n'avons pas à nous battre pour prendre une nouvelle décision chaque fois qu'on doit exercer notre habitude.

Les habitudes sont nos amies.

Chaque jour, faisons la connaissance d'une nouvelle personne. Certaines de ces personnes deviendront nos amis.

Par la suite, certains de nos amis partageront notre passion pour nos produits et notre entreprise. Les gens aiment faire affaire avec leurs amis.

HABITUDE # 3 : PROMOUVOIR LES ÉVÉNEMENTS.

Aucune compétence ? Aucune confiance en soi ? Aucun prospect ?

Ne laissons pas ces petits détails freiner notre élan.

Faisons plutôt la promotion des événements pendant qu'on acquière les compétences utiles pour développer notre entreprise en marketing relationnel.

Peu de gens intègrent cette industrie avec tout le bagage nécessaire. La plupart d'entre-nous débutons avec des handicaps, des compétences de professions différentes, et peut-être quelques doutes quant à nos chances de réussir en marketing de réseau.

Faire la promotion des événements est notre meilleure option pour compenser nos défis et notre manque de compétences des premières semaines.

Il importe peu que nous soyons très avantagés ou désavantagés au départ. Tout le monde peut promouvoir des événements.

Alors voyons comment la promotion d'événements peut faire croître notre entreprise de marketing de réseau, qui que nous soyons.

POURQUOI NOUS DEVRIONS PROMOUVOIR LES ÉVÉNEMENTS.

1. Un monde de solitude.

Du jour au lendemain, on devient réseauteurs. On retourne à la maison et on commence à développer notre entreprise seuls, dans un monde rempli de prospects négatifs. Le découragement peut alors s'installer. Le doute aussi. Et lorsqu'on débute, nous avons encore plus besoin de soutien.

Comment peut-on se remonter le moral ? En participant aux événements !

C'est plus facile d'y croire lorsque qu'on est entouré de confrères convaincus.

Si nous avons été enrôlés dans l'entreprise sur la table de la cuisine, ou encore assis devant notre écran d'ordinateur, nous n'avons rencontré que notre recruteur. Nous n'avons pas d'image globale ou encore, ressenti le support de toute une équipe. Les événements nous exposent à une vision plus large de ce qu'on peut devenir.

Les événements consolident notre foi envers le futur. Lorsque cette foi est minimale, les prospects perçoivent notre manque de conviction. Lorsque notre foi est grande, les prospects sont attirés par notre enthousiasme et notre conviction envers notre entreprise.

2. Il est facile de croire après avoir constaté une réalité ou en avoir fait l'expérience.

Difficile de croire en une réalité avant d'en avoir fait l'expérience.

Prenons par exemple un employé qui espère une promotion. Pendant qu'il attend et espère, il éprouve naturellement des doutes. Par contre, une fois sa promotion confirmée, sa foi est validée.

Oui, il est beaucoup plus facile d'y croire après en avoir fait l'expérience. Alors, de quelle façon un événement peut-il nous aider à croire en notre réussite future ?

Premièrement, on pourrait y rencontrer une personne avec un pedigree similaire au nôtre. Par exemple, si nous sommes comptables, on pourrait ressentir une affinité naturelle avec un conférencier qui exerce la même profession. C'est une forme de validation extérieure qui nous indique qu'il est possible pour nous aussi de réussir dans cette entreprise.

Deuxièmement, on pourrait y rencontrer une personne issue d'un contexte différent du nôtre et penser : « Cette personne n'est pas si douée que ça. Si elle peut le faire, je le peux aussi. Je suis plus qualifié. J'ai plus d'énergie. Je suis davantage motivé par la réussite. »

Comme le dit le dicton : « Voir, c'est croire. »

3. Au début, on pourrait croire que le succès ne fait pas partie de notre ADN.

On espère que des événements extérieurs nous apporteront le succès. Pourquoi ? Parce que, au début, on ne croit pas avoir les compétences et les connaissances requises pour réussir par nos propres moyens. Nous sommes des petits nouveaux.

Mais que se passe-t-il durant les événements ? Un nouvel outil est présenté. Un nouveau produit et lancé. On y enseigne une nouvelle compétence, comme par exemple comment parler efficacement aux gens.

Ces facteurs « externes » sont enthousiasmants. Et nous croyons qu'ils nous permettront de faire avancer nos entreprises.

Et que se passe-t-il lorsque notre conviction augmente ? Nous performons mieux.

4. L'élan.

Les événements attirent les nouveaux prospects et les nouveaux distributeurs. Ce sang neuf génère de l'enthousiasme. Et l'enthousiasme stimule l'action.

L'enthousiasme pour notre entreprise ne constitue-t-il pas une autre excellente habitude à développer ?

Demandons-nous : « Quel est le chemin le plus facile : Développer notre entreprise avec ou sans élan (momentum) ? » La réponse est évidente.

5. La reconnaissance.

La plupart des événements comportent une portion reconnaissance. Tous les membres prennent place dans l'audience pour applaudir le succès de quelqu'un d'autre. Mais nous dans tout ça ? À quoi pense-t-on...

Nous sommes tous humains et les humains ont soif de reconnaissance. On se met à s'imaginer à notre tour sur la scène, croulant sous les applaudissements au prochain événement.

Pourquoi ?

Pensons à la reconnaissance et à l'appréciation que nous recevons au travail, à la maison, de nos amis... Le constat ? Pas suffisamment. On désire tous davantage de reconnaissance.

« Un soldat combattra de toutes ses forces et longtemps pour un petit bout ruban coloré. »

—Napoléon Bonaparte

6. La validation sociale.

« Est-ce que j'ai pris la bonne décision ? » Le doute ronge en général les nouveaux associés. Participer aux événements nous permet de nous sécuriser face à notre décision puisque nous y sommes entourés de gens qui ont fait le même choix que nous.

Le doute tend à justifier la procrastination. Réduire le nombre d'obstacles nous permet de prendre notre élan plus rapidement... et c'est ce que permettent les événements.

7. La pression des pairs.

On développe de nouvelles amitiés aux événements. C'est agréable, et c'est aussi impliquant… Nous sommes excités de les revoir au prochain événement, mais serons-nous fiers de s'y pointer le nez si nous n'avons pas fait progressé notre entreprise ou gravi un échelon ? Bien sur que non. Et est-ce qu'on souhaite piétiner sans avancer durant plusieurs mois, donc, plusieurs événements consécutifs ? Surtout pas.

La pression des pairs constitue une source de motivation externe efficace.

8. Une seule histoire peut transformer une vie.

Plusieurs personnes partagent leurs histoires sur la scène durant les événements. Quelle histoire nous fera vibrer ou touchera quelqu'un de notre équipe ? Nous n'en savons rien. Il existe une multitude de témoignages, en marketing relationnel, de gens qui ont entendu une histoire qui les a touchés droit au cœur, et qui ont ensuite pris la décision de s'investir sérieusement dans leurs entreprises. Ce moment déterminant a changé leurs vies et celle de leurs familles à tout jamais.

9. On doit poursuivre notre rêve.

Notre entreprise de rêve ne prendra pas forme simplement parce que nous avons passé quelques soirs par semaine à échanger sur les réseaux sociaux.

Encore une fois : « Voir, c'est croire. » L'exercice qui suit est simple mais pourrait bien laisser une forte impression dans nos esprits.

D'abord, nous participons à l'événement.

Deuxièmement, on regarde la foule autour de nous et on imagine que tous font partie de notre équipe. Cette vision nous procure un sentiment d'euphorie et un désir de se réengager dans son entreprise. On se projette en quelque sorte dans le futur.

Peut-on vivre ce sentiment en écoutant une vidéo ? En lisant un livre ? Ou en demeurant assis devant notre écran d'ordinateur ? Non.

Pour bien ancrer cette vision dans notre esprit, on doit vivre l'événement. Et si c'est bon pour nous, ça l'est aussi pour tous les membres de notre équipe. Les événements donnent de l'expansion à nos cerveaux pour nous permettre d'être plus tout en gonflant le solde de notre compte en banque.

10. L'influence d'une tierce partie.

Nos recruteurs et nos leaders nous communiquent les mêmes informations... Mais lorsque nous l'entendons de la bouche d'une tierce partie, le message résonne différemment. Je ne saurais dire pourquoi on accorde davantage de crédibilité aux étrangers, mais c'est une particularité de l'être humain.

L'opportunité, les produits, et les impacts de notre entreprise sur la vie des autres semble tellement plus excitante lorsqu'on l'entend de la bouche d'une tierce partie.

11. L'effet multiplicateur.

Nous avons un agenda bien rempli. Travail, famille, et une multitude d'obligations remplissent nos semaines. Alors comment pouvons-nous trouver le temps de nous asseoir avec notre équipe pour transmettre notre croyance et notre passion envers notre entreprise ? C'est un défi.

Cependant, lorsque toute l'équipe participe à un événement, on optimise non seulement notre temps, mais on profite aussi de l'influence positive des autres leaders. Laissons les événements imprimer rapidement et efficacement les bonnes croyances dans l'esprit de nos équipiers.

Et de plus, nos membres réaliseront qu'ils n'ont pas besoin d'être des experts. Tout ce qu'ils doivent faire, c'est de promouvoir le prochain événement pour que leurs équipes y participent.

12. La puissance de la collectivité.

Imaginons les deux groupes suivants :

1. Des collègues insatisfaits qui grognent devant la machine à café. Ils détestent leur travail. Ils détestent faire la navette travail-maison. Ils discutent sans cesse de tout ce que leur vie comporte de négatif.

2. Des réseauteurs positifs sur le sentier de la croissance personnelle, heureux d'échanger ensembles après un meeting.

Deux univers totalement différents !

Un des plus grands secrets de notre industrie, c'est que les gens adorent baigner dans notre communauté. Ils préfèrent s'associer à nous que de côtoyer leur belle-famille négative, leurs collègues de travail bougons, et leurs amis à l'esprit étroit. Écouter les nouvelles négatives en continu à la télé, lire les journaux déprimants... Nous avons tous besoin de s'évader de tous ces drames du quotidien.

Nous sommes impatients de retrouver la compagnie de nos nouveaux amis réseauteurs.

Qu'est-ce qui soude et renforcit les communautés ?

Les expériences que nous partageons.

Participer à des événements nous permet de baigner dans une communauté enthousiaste qui anticipe un futur meilleur. Nous revivrons avec le sourire en coin les souvenirs de ces voyages à la convention annuelle et aux événements régionaux.

Pour plusieurs personnes, la nouvelle vie sociale, les amis, et les expériences des grands événements importent plus que le potentiel de revenu qu'offre le marketing relationnel.

CRÉER L'HABITUDE DE PROMOUVOIR LES ÉVÉNEMENTS EN VAUT-IL LA CHANDELLE ?

À coup sûr ! Bien entendu, il faut investir du temps et de l'argent pour participer à un événement. Mais quel en est la rentabilité ? Énorme.

Laissez-moi vous raconter mon histoire depuis que j'ai soufflé mes 18 chandelles.

Dallas, Texas a transformé ma vie.

Quand j'ai fait mes débuts en marketing de réseau, en 1994, quelqu'un m'a dit : « Tu dois être présent au prochain événement. » Ce prochain événement d'importance se tenait à Dallas, au Texas, à un peu plus de quatre heures de route de chez moi.

Non seulement m'a-t-on dit de m'y rendre, mais on m'a aussi fait cette recommandation qui change tout : « Si tu veux que ton entreprise prenne de l'expansion, emmène un nouvel associé avec toi à l'événement. »

Je me suis dit : « Parfait. Je dois m'y rendre de toute façon, alors je n'ai qu'à trouver quelqu'un dans mon équipe qui désire y participer avec moi. »

C'était facile. Randy était mon ami et aussi un associé. Bien qu'il ne souhaitait pas développer cette entreprise à temps plein, il appréciait la compagnie d'amis et d'associés positifs.

Nous avons donc rempli la voiture et nous nous sommes dirigés vers Dallas. Ce premier événement fut incroyable. Nous avons été inspirés, motivés, et chargés à bloc d'enthousiasme. Ces événements étaient définitivement plus intéressants que les cours ennuyants au lycée.

Sur le chemin du retour, nous n'avions qu'un seul sujet de conversation : à quel point nous avions apprécié cet événement. Nous avons parlé des conférenciers, de l'atmosphère, de tout ce que nous y avions appris, et de nos nouveaux amis. Nous avions tant de choses à discuter, nos étions électrisés et emballés.

Et devinez quoi ?

Le prochain événement était prévu à peine un mois plus tard. Nous avons conclu avoir amplement de temps pour remplir plusieurs véhicules de nouveaux associés pour participer à ce prochain événement.

C'était un plan magistral. Notre plan a-t-il fonctionné ?

Non.

Un mois plus tard, il n'y avait que Randy et moi dans la voiture, en route vers Dallas pour assister à l'événement.

Heureusement, nous avions toujours en poche un nouvel événement à venir dans notre calendrier. Certains associés se sont finalement joints à nous pour assister aux événements et mon entreprise s'est mise à grossir. Plus tard la même année, lors de la convention annuelle, je me suis présenté dans l'aire de repas et… 65 membres de mon équipe y étaient.

Avance rapide, une année plus tard, 800 membres de mon équipe participaient à la convention annuelle. Est-ce que j'étais enthousiaste ? Le mot est faible. Avoir à mes côtés 800 associés de mon équipe à la convention dépassait de loin les rêves les plus fous qui m'avaient hanté l'esprit deux années plus tôt à ce premier événement à Dallas.

Ceci dit, il a fallu beaucoup d'efforts pour amener 800 membres de mon équipe à participer à la convention annuelle. Mais tout a commencé par mon implication à participer au premier événement. Plus important encore, Randy et moi n'avons pas baissé les bras lorsque les choses ne se déroulaient pas comme prévu.

Alors qu'est-ce que j'ai fait pour provoquer les choses ?

J'étais jeune et je disposais de très peu voire aucune influence. La plupart de mes amis et mes contacts étaient jeunes aussi. Je me familiarisais avec l'entreprise petit à petit.

Mais mon véritable secret ?

J'ai fait la promotion des événements.

Quiconque, jeune ou âgé, expérimenté ou non, peut promouvoir les événements. On ne fait qu'inviter les gens à participer à un événement. Ils ne nous jugeront pas. Ils jugeront plutôt l'événement lui-même. Et c'est pourquoi il importe de mousser la valeur et l'enthousiasme qui se dégagera du prochain événement pour eux.

On ne sait jamais qui on pourrait y rencontrer.

Plusieurs années plus tard, un leader de mon organisation a tenu son propre événement. Excellent ! Quand le leadership se multiplie, de bonnes choses surviennent.

Problème mineur par contre. Son événement avait été cédulé le jour de mon anniversaire de mariage.

Règle générale, ça n'aurait pas été problématique puisque ma conjointe est d'un grand soutien. On adore tous les deux les événements. Mais à cette époque, il y avait un nouveau-né à la maison.

Dilemme. Est-ce que je devais rester à la maison avec ma famille participer à l'événement ? Bien, on peut se trouver tout un tas d'excuses pour éviter de participer à un événement. Un anniversaire de mariage doublé d'un nouveau-né à la maison ferait partie des bonnes excuses.

Toutefois, ma voix intérieure me suggérait d'y aller pour soutenir mon équipe. J'ai promis à ma femme que nous allions célébrer notre anniversaire avant mon départ et à mon retour de l'événement.

Ce week-end a été excellent.

Je me considère comme une personne plutôt réservée, terre-à-terre, et facile d'approche. Cependant, lorsqu'on prend la parole devant un groupe, certaines personnes pensent que nous sommes célèbres et difficiles d'approche.

Ainsi, juste avant de me rendre à l'aéroport pour attraper mon vol de retour, j'ai rencontré une toute nouvelle distributrice dans mon équipe. Elle semblait un peu nerveuse de me rencontrer. Elle avait fait 22 heures en autocar pour assister à l'événement ; j'étais impressionné. Elle s'était dite : « Je me rends à cet événement et je désire y rencontrer le plus grand nombre de leaders possible. »

J'ai appris qu'elle habitait près de Dallas, Texas. Oui, j'adore Dallas. Je lui rapidement demandé ses coordonnées et lui ai dit que je la contacterais la prochaine fois que j'organiserais un événement dans les environs de Dallas.

Quelques mois plus tard, je l'ai contactée par téléphone : « Je tiens une formation à Dallas bientôt. Tu aimerais y participer ? »

Après une longue pause, elle a accepté, presque à contre-cœur.

Que s'est-il passé ?

Elle s'est présentée à la rencontre accompagnée de quatre associés et huit invités. D'ailleurs, c'est elle qui avait emmené le plus d'invités ce soir-là, malgré le fait qu'elle avait été la dernière avisée. Je ne me souviens pas avoir emmené huit invités à une rencontre. Impressionnant !

Curieux de savoir comment elle avait accompli cet exploit, je le lui ai posé la question. Voici ce qu'elle m'a répondu : « Le moment était propice. J'étais sur le point d'abandonner. C'est la raison pour laquelle j'ai hésité au téléphone. Cependant, après avoir raccroché, j'étais électrisée. Quelques semaines plus tôt, ma superviseure au travail m'avait avisé que je pouvais soit prendre une retraite anticipée, soit risquer de perdre une bonne partie de mon fond de pension en continuant à travailler. »

Quelques mois plus tard (les choses ne semblent jamais se produire instantanément), son entreprise a décollée. Son équipe comptait quelques leaders, mais elle a finalement recruté quelqu'un de plus fonceur qu'elle. C'est alors que son volume d'affaires a explosé.

En l'espace d'un an, la nouvelle patte principale de sa lignée descendante (fait référence aux systèmes binaires) générait plus de deux millions de dollars de ventes chaque mois. Quelle merveilleuse récompense pour quelqu'un qui avait presque abandonné la partie !

Plusieurs leçons à en tirer dont celle-ci : Je l'ai rencontrée lors d'un événement.

COMMENT PUIS-JE UTILISER LES ÉVÉNEMENTS COMME UN LEVIER POUR MON ENTREPRISE ?

Voici quelques astuces que l'on peut utiliser pour nous inciter, et inciter les autres, à participer aux événements.

1. Nous aimons tous être les premiers à savoir. Vous connaissez la nature humaine… personne ne veut être le dernier à en entendre parler. Quand annonce-t-on habituellement la tenue des prochains grands événements ? Aux événements. Ceux-ci n'impliquent pas toujours un rassemblement physique des gens. Bien entendu, en chair et en os, c'est toujours mieux. Mais on peut parfois promouvoir la prochaine conférence téléphonique comme un événement spécial.

2. Faire la promotion du conférencier qui animera le prochain événement. Plus cette personne possédera de notoriété et/ou de connaissances, plus nos distributeurs et nos prospects seront avides de l'entendre. Parlons donc de sa qualification professionnelle et ses réalisations, ou encore de ses compétences particulières et de l'information qu'il partagera lors de l'événement. Mieux encore, soulignons la possibilité de rencontrer personnellement le conférencier. On pourrait dire : « C'est votre chance de rencontrer quelqu'un qui pourrait changer votre vie à jamais. »

3. Soyons la première personne à se procurer un billet pour le prochain événement d'importance. Cette habitude donne l'exemple aux autres membres de notre équipe. Affichons notre billet bien en vue pour que les autres puissent le voir. Les membres de notre équipe constateront notre engagement et l'importance qu'on accorde aux événements. On désire guider par l'exemple, et non par proclamation.

Duplication ? Qu'est-ce qu'on désire que notre équipe reproduise comme comportement ? Notre manque d'engagement ? Ou notre engagement total envers le prochain événement ?

4. Raconter les histoires à succès des gens qui ont participé aux événements précédents. On comprend mieux les enseignements et les concepts lorsqu'ils sont présentés sous forme d'histoires. Lorsqu'on entend parler de ceux qui ont fait progresser leurs entreprises en assistant aux événements, on s'imagine devenir le personnage principal de l'histoire. On devient habité par le sentiment que c'est possible pour nous aussi.

Les gens adorent entendre des histoires. Plus on accumulera d'histoires inspirantes au sujet des événements passés, plus il sera facile de motiver les autres à y participer.

5. Donnons de l'importance à chaque événement, qu'il soit petit ou grand.

Les événements ne doivent pas tous être d'envergure internationale et réunir des milliers ou des dizaines de milliers de réseauteurs. Un événement, c'est simplement un groupe de distributeurs qui désirent faire avancer les choses.

Ça peut être une conférence téléphonique, un webinaire, une présentation d'affaires, une formation du samedi, un ralliement régional ou toute autre forme de regroupement jusqu'aux conventions annuelles de la compagnie.

6. Souvenons-nous, il y a quelque chose pour tout le monde aux événements. Pour certains, événement signifie reconnaissance. Pour d'autres, événement suppose la chance de rencontrer de nouvelles personnes et de baigner dans une atmosphère positive.

LE MIRACLE EN DEUX PHRASES.

Il y a plusieurs années, j'ai dû enregistrer un témoignage de 30 secondes pour insérer dans une vidéo traitant de la puissance des événements. 30 secondes, c'était nettement insuffisant pour parler de la structure ou des activités offertes durant un événement.

J'ai donc pris une décision. J'aillais adresser un message aux quatre types de personnalités courantes en me limitant à deux phrases claires. Si vous n'êtes pas familiers avec les quatre types de personnalités, recherchez le livre : *Les Quatre Couleurs de Personnalités.*

Voici les deux phrases en question :

◇◇◇

« Il s'agit de la seule entreprise où nous pouvons faire beaucoup d'argent, aider beaucoup de gens et avoir beaucoup de plaisir dans le processus. C'est tellement logique. »

◇◇◇

Cette courte vidéo a fait exploser mon organisation. Pourquoi ? Parce qu'il y avait quelque chose pour tout le monde dans ces deux phrases.

Comment pouvons-nous toucher les quatre types de personnalités pour promouvoir nos événements ?

Assurons-nous de toucher la « corde sensible » de chacune des quatre personnalités chaque fois qu'on mousse un événement. Voici les quatre mots-clés à retenir.

1. Célébration.

2. Argent.

3. Information.

4. Aider.

Vous comprenez maintenant comment j'ai pu toucher les quatre personnalités en utilisant ces deux phrases ? Relisez-les à nouveau :

« Il s'agit de la seule entreprise où nous pouvons faire beaucoup d'argent, aider beaucoup de gens et avoir beaucoup de plaisir dans le processus. C'est tellement logique. »

CRÉER L'HABITUDE DE PROMOUVOIR LES ÉVÉNEMENTS.

Ok. On croit à l'importance des événements et nous sommes maintenant convaincus qu'on devrait les promouvoir.

Transformons donc cette activité en habitude.

Vous vous souvenez des deux phrases magiques du chapitre précédent ? Bien, faire la promotion des événements ne doit pas nécessairement exiger beaucoup de temps et d'efforts. Ça pourrait se résumer à rappeler aux autres les prochains événements au calendrier, une fois par semaine.

De quoi les gens se souviennent-ils ?

Les recherches ont révélé que les gens mémorisent davantage l'information communiquée au début et à la fin d'une conversation. Ce que cela signifie pour nous ?

Si on veut maximiser nos efforts de promotion, on devrait s'attarder au début et à la fin de notre message pour mousser l'événement.

On doit mentionner les événements à venir durant ces instants propices.

Pensons au début et à la fin de nos courriels, nos vidéos et nos conversations téléphoniques. Que pourrions-nous dire aux membres de notre équipe pour qu'ils réalisent l'importance de l'événement à venir ?

À mes débuts en marketing de réseau, j'ai remarqué que mon leader en amont intégrait habilement la promotion d'un événement au début et à la fin de nos conversations. Par exemple, en bouclant notre entretien téléphonique, il disait :

« On se voit au prochain événement ! » Ou encore : « Je suis impatient de te rencontrer en personne lors du prochain événement. »

Je me demandais : « Est-ce qu'il tente de me programmer à assister au prochain événement ? » La réponse : probablement.

Est-ce que j'avais l'impression de le laisser tomber si je ratais le prochain événement C'est fort probable aussi.

Mais si nos intentions sont louables. Si on sait que c'est dans l'intérêt de nos équipiers d'assister à l'événement ; alors notre équipe en sortira toujours gagnante. C'est notre travail. On veut aider notre équipe à maximiser ses chances de succès.

D'autres phrases que nous pourrions utiliser.

« Je brûle d'impatience de revoir tous mes leaders ce samedi soir à l'ouverture de l'événement. »

« Vendredi soir sera mémorable ! Je suis emballé à l'idée de rencontrer tous ceux qui ont pris la décision d'y assister. »

La promotion d'un événement coûte bien peu. En général, quelques phrases toutes simples suffisent. Mais il faut se rappeler de le faire régulièrement. On peut se le remémorer en plaçant un papillon adhésif sur notre bureau, ou encore sur le rétroviseur de notre voiture. On pourrait aussi utiliser un aide-mémoire sur notre téléphone intelligent.

La vie se mesure en expériences et non en années.

Nous pourrions dire : « La vie se mesure en expériences. On se souviendra toujours des expériences incroyables que nous avons vécues. Créons-nous des souvenirs communs en participant à cet événement. C'est une expérience dont on se souviendra toujours. »

Pourquoi ne pas utiliser la reconnaissance ?

Les gens sont assoiffés de reconnaissance. Ils en reçoivent si peu ou pas au travail. Et parfois, même leurs familles oublient tous les sacrifices qu'ils font.

Alors pourquoi ne pas reconnaître les gens pour le simple fait de s'être présentés à l'événement ?

On peut par exemple mentionner leur nom. Les gens adorent entendre leurs noms. Les reconnaître pour leur présence à l'événement est important. On pourrait dire : « Je suis si heureux d'apprendre que Jean sera des nôtres à l'événement. Jean vient tout juste de se joindre à l'équipe la semaine dernière et nous sommes tous impatients de le rencontrer à l'événement. »

Plusieurs membres en feront plus s'ils savent qu'ils seront reconnus. Par exemple, vous pourriez annoncer un déjeuner spécial avant l'événement. Celui-ci serait réservé à ceux qui se sont engagés tôt à assister à l'événement. Ou encore, un déjeuner pour les membres de l'équipe qui seront accompagnés d'au moins un de leurs associés.

Nous pourrions aussi remettre un certificat d'honneur à celui ou celle qui aura emmené une personne à l'événement. Lorsque je rends visite à des associés chez eux, je suis agréablement surpris de voir que plusieurs d'entre eux ont conservé le certificat que je leur ai remis dix ans auparavant.

Dans les événements plus importants, il y a toujours une pause du midi. Ce pourrait être une occasion pour nous de récompenser certaines personnes.

Peut-être que nous ne souhaitons pas payer leur repas, ou que nous n'en avons pas les moyens. Mais sachez que le simple fait de les inviter à dîner leur permettra de se sentir spécial.

Si par contre nous sommes disposés à investir un peu d'argent dans notre équipe, voici quelques idées de récompenses possibles :

- Repas payé.
- Chambre d'hôtel payée.
- Remboursement des billets d'avion.
- Remboursement des frais d'inscription à l'événement.
- Défrayer le billet d'entrée de la conjointe ou du conjoint.
- Donner de l'argent de poche pour dépenser durant l'événement.
- Offrir une virée en limousine pour sortir en ville tous ensembles.

Comment se qualifier pour mériter l'une ou l'autre de ces récompenses ? Voici quelques suggestions :

- Parrainer un nouveau membre.
- Générer un certain volume de ventes au détail.
- Emmener un membre ou plus de son équipe à l'événement.
- Avoir des invités à la prochaine présentation d'affaires.
- Organiser une présentation/vente de produits à domicile.
- Être sur la ligne au moins quatre appels conférence de formation consécutifs.

Et si nous voulions investir davantage dans la promotion ?

Je me souviens d'un événement où j'avais fait des pieds et des mains pour offrir des incitatifs aux membres de mon équipe qui graviraient au moins un échelon. Tout ce qu'ils devaient faire, c'était de progresser dans le plan de rémunération. S'ils y parvenaient, je défrayais tous leurs frais pour le prochain événement d'envergure ; billet d'avion, hôtel, taxis, tous les repas…

Qu'est-ce qui a eu le plus d'impact ?

J'ai ajouté de l'argent de poche pour dépenser à l'événement.

Il ne s'agissait pas d'une grosse somme, mais c'était de l'argent comptant. Le sentiment que l'argent procure est très différent de celui d'une carte cadeau ; l'argent est tangible. À cet événement en particulier, je suis allé à la banque et j'ai retiré des billets de un dollar. J'ai préparé des liasses de 100 billets entourées d'un ruban. C'était une façon amusante de présenter de l'argent comptant. Tous ceux qui s'étaient qualifiés voulaient être pris en photo en recevant leur « magot. »

Pour en faire un instant encore plus mémorable, j'ai créé des albums personnalisés contenant les photos de toutes les personnes qui avaient reçu de l'argent. Ces albums m'ont coûté moins de $50, mais tous les membres en ont été très reconnaissants.

Notre équipe comptera toujours de nouveaux membres en début de carrière. Il y a fort à parier que certains seront financièrement incapables de participer à un événement. Nous pourrions les stimuler en créant un incitatif leur permettant d'assister au prochain événement toutes dépenses payées. S'ils en ont le désir, ils travailleront fort pour le mériter.

Et si on n'a pas de budget pour promouvoir l'événement ?

Vous vous souvenez de la reconnaissance ? Nous pouvons offrir de reconnaître les membres qui :

1. Sont les premiers à s'inscrire à l'événement.

2. Emmènent le plus grand nombre de membres parrainés personnellement à l'événement.

3. Génèrent le plus gros volume de vente le mois précédent l'événement.

4. Ont distribué le plus d'invitations pour l'événement.

On peut offrir cette reconnaissance par le biais des médias sociaux, les infolettres, dans une vidéo, en faire l'annonce durant les réunions, appels conférence et autres.

Si la plupart des membres de notre équipe demeurent à proximité, on pourrait organiser une soirée de quilles pour ceux qui ont déjà acheté leur billet pour l'événement.

Promouvoir des sessions de préparation à l'événement.

À la fin de notre conférence téléphonique de formation hebdomadaire, on pourrait ajouter : « Suite à cet appel, nous demandons à tous ceux et celles qui ont déjà acheté leur billet de demeurer en ligne pour un appel conférence spécial pour les préparatifs de ce super événement. »

Certains membres voudront acheter leur billet sur-le-champ pour se joindre à ces séances téléphoniques de planification.

De courtes vidéos.

Notre capacité à demeurer concentré est courte. La bonne nouvelle, c'est que nos vidéos peuvent être extrêmement courtes. Nous n'avons besoin ni d'un long scénario, ni d'un aperçu. Une courte vidéo de 15 ou 30 secondes pourrait très bien faire l'affaire pour promouvoir un événement.

Aujourd'hui, c'est chose facile de concevoir une vidéo de qualité presque professionnelle. Nous n'avons pas besoin d'un grand studio avec des équipements de production sophistiqués.

Il suffit d'un téléphone intelligent et le tour est joué. De plus, les gens s'identifient davantage à nous si on utilise des vidéos amateurs. Alors misons davantage sur la diffusion à grande échelle de notre vidéo que sur sa qualité audio-visuelle.

Vous voulez une petite astuce pour soutenir l'attention des gens ? Au début de la vidéo, annonçons quelle sera sa durée. Par exemple : « Dans les 20 prochaines secondes, je désire partager la raison pour laquelle je participerai à cet événement. »

La plupart des gens peuvent nous accorder 20 secondes. Puisqu'ils connaissent la durée de notre vidéo, ils ne seront pas anxieux en se demandant combien de temps elle durera.

Dans cette vidéo, notre enthousiasme et notre passion seront palpables. Souvenons-nous que ceux qui visionneront la vidéo capteront tous les indices non-verbaux qui pourraient trahir notre sincérité.

Les gens sont accros au mot « nouveau. »

Pensez aux chaînes de télévision qui diffusent des nouvelles en continu. Sur quoi se capitalisent-elles ? Le drame le plus récent dans le monde. Le dernier événement. La chaîne des nouvelles utilise aussi souvent qu'elle le peut le titre « nouvelle de dernière heure. »

Les vieilles nouvelles ont-elles soudainement cessé d'exister ? Non. Est-ce les problèmes soulignés dans les vieilles nouvelles ont été résolus ? Non plus. Mais les gens ne s'intéressent pas aux vieilles nouvelles. Ils ne sont attirés que par les plus récentes.

La façon la plus simple de promouvoir un événement est de mentionner qu'on y partagera de nouvelles informations. Ce pourrait être de nouvelles informations concernant les produits, un événement, une visite de la compagnie, un nouvel incitatif, etc. Les gens aimeront entendre les nouvelles que nous partageons, à condition qu'elles soient récentes.

Alors, lorsqu'on annonce la tenue de notre prochain appel conférence, on pourrait dire : « Et nous aurons quelques nouvelles excitantes à partager durant cet appel. » Faire la promotion de quelque chose de nouveau facilite la promotion des événements.

Et pas de jugement hâtif. On ignore ce qui motivera certains membres de l'équipe à y assister. Certains y prendront part pour des raisons émotives, d'autres pour le caractère social de l'événement. Certains y participeront même parce que c'est logique de le faire d'un point de vue entrepreneurial.

Notre «nouvelle» information ne se traduira peut-être pas en gains immédiats pour nous. Cependant, l'information pourrait être l'élément déclencheur qui incitera un des membres de notre équipe à s'engager et participer à l'événement.

Anticiper... maintenant.

La plupart des gens ne sont axés que sur le court terme. On peut prêcher en faveur de la vision et des buts à long terme, des grands rêves à entretenir... Mais que font la plupart des gens ? Ils se soucient d'aujourd'hui, et peut-être de demain. Dans leurs esprits, l'événement est trop loin pour s'en soucier. Comment les aider à percevoir tout de suite les bénéfices d'un événement qui aura lieu dans quelques semaines ou quelques mois ?

En leur décrivant la sensation qu'ils éprouveront à partir du moment où ils s'engageront à y participer. Leur décrire le plaisir relié à l'anticipation lorsqu'ils auront en main leur propre billet d'entrée pour l'événement.

Ou encore, nous pouvons simplement informer notre équipe de l'avantage immédiat de participer aux appels de planification pré-événement avec les autres membres inscrits.

Ne pas oublier ce que nous avons accompli.

Lorsqu'on assiste à un événement, on désire avant tout que tous les membres de notre équipe s'inscrivent au prochain événement. Mais ça n'est pas tout. À partir de cette équipe, on veut augmenter le nombre de participants au prochain événement. Que pouvons-nous faire pour y arriver ?

Si un autre événement est annoncé, on s'assure d'abord que tout le monde achète un billet sur le champ. On les invite à publier leur photo avec ce nouveau billet sur les médias sociaux. Cette technique augmentera la croyance des membres absents face à la puissance des événements.

Les gens n'aiment pas être « laissés pour compte. » L'humain aime socialiser. On aime sentir qu'on fait partie d'une communauté. Notre enthousiasme envers l'entreprise est à son apogée durant les événements. C'est le moment idéal de se convaincre de récidiver en achetant son billet.

Les gens désirent suivre les leaders qui savent où ils vont. Nous devrions être ce type de leader.

Et si aucun événement n'est organisé ?

Si notre compagnie ou notre équipe ne tient pas d'événements, c'est à nous de changer les choses. On doit faire le premier pas.

Si nous sommes nouveaux dans l'entreprise, notre premier événement pourrait se limiter à une formation spéciale sur le web. Aucun budget requis. Il suffit de promouvoir l'événement. On ne peut pas laisser une « absence d'événement » nous empêcher de progresser.

Les événements peuvent être plus importants pour nous que pour notre équipe.

Gardons à l'esprit que plusieurs des membres de notre équipe développent leurs entreprises à temps partiel. Ils ont une vie chargée. Par conséquent, notre entreprise ne constitue peut-être pas leur seule préoccupation. Que devons-nous faire alors ?

Rappeler à notre équipe les événements à venir. Voilà pourquoi l'habitude d'en faire la promotion chaque semaine guidera notre équipe dans la bonne direction.

Et si aucun évènement n'est organisé ?

NOTRE LISTE DE CONTRÔLE POUR LA PROMOTION HEBDOMADAIRE DES ÉVÉNEMENTS.

La même méthode ne peut pas convenir à tout le monde. On doit choisir la façon de promouvoir les événements qui nous convient le mieux pour en développer l'habitude.

Voici dix idées desquelles on peut s'inspirer :

1. Distribuer des brochures de l'événement aux gens qu'on rencontre. C'est un bon outil pour inviter les prospects à assister à une présentation d'affaires.

2. Demander à un membre de notre équipe, chaque semaine, de se joindre à nous lors du prochain grand événement.

3. Afficher une note sur le réfrigérateur pour nous rappeler de contacter quelqu'un chaque vendredi soir pour promouvoir le prochain événement.

4. Une fois par semaine, raconter une histoire inspirante reliée à un événement à un membre de notre équipe.

5. Promouvoir et édifier le conférencier vedette du prochain événement à un membre de notre équipe chaque semaine.

6. Plutôt que d'afficher un portrait de vous sur les médias sociaux, placez-y une photo du billet d'admission au prochain événement.

7. Mémoriser et utiliser les deux « phrases miracle. »

« Il s'agit de la seule entreprise où nous pouvons faire beaucoup d'argent, aider beaucoup de gens et avoir beaucoup de plaisir dans le processus. C'est tellement logique. »

Pratiquons cette phrase une fois par jour en revenant du boulot.

8. Modifiez votre signature courriel pour quelque chose comme : « Au plaisir de vous voir lors de notre prochain événement. » Servons-nous de cette phrase aussi souvent que possible, dans divers contextes et occasions.

9. Sur les médias sociaux ou dans nos infolettres, afficher et mettre à jour les noms des membres de notre équipe qui ont déjà acheté leurs billets.

10. Dire aux gens : « Le jour de la marmotte, ça n'est pas une vie ! Faisons quelque chose de différent le premier week-end du mois prochain. Vivons l'événement ensemble. »

SEULEMENT TROIS HABITUDES ? ? ?

Bien, soyons réalistes. Le développement et l'intégration de ces trois habitudes demandera un certain temps. Les habitudes ne s'acquièrent pas du jour au lendemain. Nous aurons besoin de focus et de répétition.

Mais on devrait avant tout se poser cette question : « Que deviendrait ma carrière de réseauteur si je mettais en place ces trois habitudes de façon permanente ? »

Je pense que nous pouvons tous être d'accords pour dire que les résultats seraient fantastiques. Et si notre équipe adoptait aussi ces trois habitudes en permanence ? Nous serions fiers des membres de notre lignée si chacun d'eux :

- Consacrait du temps au développement personnel chaque jour.
- Rencontrait une nouvelle personne chaque jour.
- Faisait la promotion des événements chaque semaine.

Nous aurions alors jeté les bases d'une organisation solide qui commence à se dupliquer.

Puis-je travailler sur des habitudes supplémentaires maintenant ?

Certainement ! Ce ne sont pas les trois seules habitudes que les réseauteurs souhaitent acquérir.

Toutefois, en se concentrant sur une habitude à la fois, on augmente nos chances de réussite.

Mieux vaut consacrer trois semaines à la création d'une seule habitude permanente que d'essayer d'en acquérir 20 à la fois.

Étant donné la grande variété d'objectifs qu'on peut se fixer en marketing relationnel, on voudra sans doute en développer plusieurs. La suite du présent livre proposera des méthodes et des idées additionnelles pour développer des habitudes.

Il n'y a pas de méthode universelle pour y arriver. À chacun de choisir celle qui lui convient.

Un autre élément important au sujet des différentes méthodes...

Si la méthode que vous avez choisie pour vous créer une habitude vous effraie et vous occasionne du stress, cherchez une autre façon de vous y prendre. Difficile de répéter une routine lorsqu'on a horreur de l'activité pratiquée.

« Je désire vraiment m'investir dans la création d'habitudes. »

Il y a des livres très étoffés et des montagnes de recherches sur les habitudes. Ce livre que vous parcourez n'est pas un ouvrage scientifique sur le sujet. Il ne fait que décrire trois habitudes efficaces que les réseauteurs doivent développer.

Si vous désirez creuser davantage le sujet des habitudes, nous adorons les livres de S. J. Scott. Ses ouvrages développent le sujet sur une multitude de facettes, incluant l'habitude de… l'exercice. Ses livres sont faciles à lire et ne portent que sur un élément à la fois. Vous pouvez aussi consulter son blogue : http://www.DevelopGoodHabits.com – en anglais seulement.

Voici d'autres suggestions de lecture sur les habitudes :

1. *Les Mini-Habitudes : Petites habitudes, grands résultats*, par Stephen Guise.

2. *Le Pouvoir des habitudes : changer un rien pour tout changer*, par Charles Duhigg.

3. *Les 7 habitudes des gens efficaces*, par Stephen R. Covey.

LES HABITUDES PEUVENT-ELLES CONCRÉTISER MES RÊVES ?

Ah, voilà le secret !

Oui. Les habitudes régulières nous rapprochent de nos buts.

Voici une petite stratégie en cinq étapes qui facilite l'atteinte de nos buts.

1. Choisir un but.

Difficile de s'orienter dans la bonne direction si on ignore où on va. Avoir un but en tête indique à notre subconscient : Hé ! Soit réceptif à toute opportunité ou ressource qui pourrait nous aider à nous rapprocher de notre but. »

Par exemple, si votre estomac est irrité par le repas que vous venez de manger, vous n'avez qu'un seul objectif en tête : trouver rapidement les toilettes les plus proches.

La situation programme votre subconscient qui se met à parcourir tous les panneaux à la recherche des toilettes publiques. Notre subconscient sait pertinemment que cet objectif est prioritaire.

2. Déterminer quelle habitude nous permettra d'atteindre notre but... automatiquement.

Faisons un exercice.

Essayons de prendre la décision consciente de nous rendre au gym chaque jour. La probabilité d'échouer est très élevée. On revient d'une longue journée de travail. Le stress a anéanti notre réserve de volonté. On veut maintenant prendre la décision d'aller s'entraîner au gym. Vous avez deviné : nos vieilles habitudes vont prendre le dessus. On attrape la télécommande, une coupe de crème glacée, et on se prépare pour cinq heures d'émissions débilitantes.

Ça ne fonctionnera pas. Nous avons besoin d'un système plus automatisé.

Voici un autre scénario. On décide que grimper des marches, beaucoup de marches ; ce qui nous permettrait de faire de l'exercice de façon automatique. Comment nous y prendre ?

Imaginons qu'on habite une maison à deux étages, avec un sous-sol. Nous pourrions installer notre téléviseur, notre ordinateur et notre bureau au deuxième étage et laisser la nourriture et les friandises au sous-sol.

Chaque fois que la faim nous tenaillerait, il nous faudrait descendre deux paliers d'escaliers puis les remonter afin de mettre le grappin sur quelque chose à grignoter. C'est un début.

On peut même en rajouter !

On établit la règle suivante : on doit boire deux verres d'eau chaque fois qu'on passe 30 minutes devant la télé ou l'écran d'ordinateur. On condamne aussi les toilettes du premier et du deuxième étage, alors il ne reste plus que celles du sous-sol. Beaucoup d'aller et retours dans les escaliers sont à prévoir désormais...

En réorganisant nos paramètres, on n'a presque plus besoin de la volonté. Les paramètres peuvent remplacer la volonté. Ce qui nous procure un avantage pour créer une habitude.

3. Ajouter une petite récompense en guise de motivation.

Si nous avons développé une dépendance envers les biscuits aux brisures de chocolat, disons-nous : « J'ai droit à une bouchée de biscuit aux brisures de chocolat chaque fois que je fais cinq pompes (push-ups). »

Nous aurons bientôt des bras d'acier !

Vous aimeriez avoir encore plus de plaisir ?

On peut planifier de célébrer l'atteinte de notre but avec les autres. La pression d'un groupe nous aidera à performer lorsqu'on se sent moins motivés. On ne veut pas décevoir les autres.

4. Une petite punition avec ça.

Si on ne descend pas l'escalier au moins une fois toutes les 30 minutes, on ne peut pas continuer à écouter la télé ou naviguer sur Internet. Suffit de mettre une alarme sur votre téléphone intelligent ou autre minuterie pour atteindre notre objectif (bouger) sans trop d'efforts.

5. Connaître le motif qui supporte notre but.

Si nous sommes très motivés sur le plan émotionnel, tout devient plus facile. Par exemple, imaginons qu'on désire perdre du poids avant les prochaines retrouvailles d'anciens élèves. Qui voudrait s'y présenter revêtu d'une tente ? Vous imaginer dans un tel accoutrement pourrait faciliter le développement de votre habitude de monter et descendre les escaliers. Vous pourriez même chanter ces mots en faisant l'exercice : « Fini les tentes ! »

Les motifs logiques, c'est bien. Mais les motifs émotionnels sont bien plus puissants.

Chaque petit détail compte.

Notre but est de mettre toutes les chances de notre côté. On veut maximiser nos chances de réussite lorsqu'on désire développer une habitude.

Souvenons-nous, les habitudes se produiront presque sans effort, même si nous sommes un peu fatigués.

Et c'est ainsi qu'on peut développer l'habitude du succès convoitée.

ET QU'EN EST-IL DE MON ENTREPRISE DE MARKETING RELATIONNEL ?

Imaginons que nous sommes en plein démarrage de notre entreprise de marketing relationnel, et que les étoiles ne sont pas alignées pour nous.

Premièrement, on perd beaucoup de temps à faire la navette entre la maison et le boulot.

Deuxièmement, notre douce moitié désire qu'on passe plus de temps avec la famille.

Troisièmement, on manque de temps pour développer notre entreprise au quotidien puisqu'on doit aussi rénover la maison.

Les « raisons pour lesquelles je n'y arrive pas » semblent insurmontables.

Mais, rappelons-nous ceci…

Certaines personnes se joindront à notre équipe, simplement parce que nous sommes présents.

Plus tôt dans ce livre, j'ai mentionné que dans un groupe de 100 personnes, cinq ne joindront peut-être jamais notre entreprise. La société les a anéanties et leurs patrons ont siphonné leurs rêves. Elles croient que plus rien de bon ne peut leur arriver. Pour ces cinq personnes, nos options sont très limitées.

Mais de ce même groupe de 100 personnes, cinq autres pourraient bien joindre notre équipe simplement parce que nous avons fait acte de présence ! C'était le bon moment pour saisir une opportunité dans leurs vies, et nous étions au rendez-vous.

Utilisons donc la stratégie en cinq étapes décrite dans le chapitre précédent pour lancer notre entreprise en marketing de réseau. Voici ce à quoi cela pourrait ressembler.

1. Nous fixer un but.

C'est facile. Nous souhaitons parrainer cinq nouveaux associés dans notre équipe.

2. Déterminer quelle habitude nous permettra d'atteindre notre but... automatiquement.

Il semble que nous devrons faire beaucoup d'approches pour arriver à présenter notre offre à 100 personnes. Comment allons-nous y arriver ?

Puisque notre temps est très limité, voici ce qu'on décide de faire. En rentrant du travail, nous allons immobiliser notre véhicule quelque part en chemin, un endroit sécuritaire naturellement. Nous ferons alors trois appels. Ça ne prendra qu'une minute si personne ne répond, ou une dizaine de minutes si on rejoint quelqu'un. Vite fait, bien fait.

Dans notre exemple, on pourrait simplement amorcer la conversation comme ceci : « J'en ai marre de faire la navette entre la maison et le boulot tous les jours. J'aimerais démarrer ma propre entreprise à temps partiel pour éventuellement travailler de la maison. Je me demandais si tu te sens comme moi. »

Voilà ! C'était facile à dire. Nous pourrions écrire ces trois courtes phrases et les coller sur le tableau de bord de la voiture. Cette habitude serait relativement simple à créer. Faire trois appels en rentrant à la maison, et savoir exactement quoi dire. Aucun rejet et simple comme tout !

Le fait de rejoindre les trois personnes ou non importe peu. Il s'agit de mettre en place cette petite habitude que nous pouvons pratiquer chaque jour et, avec un peu de temps, nous parviendrons à parler à 100 personnes.

3. Ajouter une petite récompense en guise de motivation.

Disons-nous : « Si je parviens à rejoindre quelqu'un, je pourrai me régaler en sirotant un latté glacé durant le reste de mon trajet. » De cette façon, nous aurons une motivation supplémentaire à faire nos trois appels parce qu'on adore les lattés glacés. On pourrait même tricher un peu. Si nos trois appels ont été infructueux, on pourrait même tenter un quatrième appel... parce que la récompense est vraiment très tentante.

3 HABITUDES FACILES POUR MARKETING DE RÉSEAU

4. Une petite punition avec ça ?

Disons-nous : « Si je n'effectue pas mes trois appels, pas de télé et pas d'internet ce soir. » Cette punition semble plutôt draconienne ! Comment poursuivre notre vie sans savoir ce que nos amis ont mangé ce midi en parcourant Facebook ?

5. Connaître le motif qui supporte notre but.

C'est facile. Chaque jour, nous perdons une heure le matin et une heure le soir à faire la navette maison-travail. C'est beaucoup de temps précieux gaspillé. Et ces allers-retours quotidiens dans le trafic lourd nous donnent la nausée.

Avant d'effectuer nos trois appels, on se remémore : « Je déteste faire la navette ! Amenez-moi des prospects ! »

LES CINQ ÉTAPES.

Parmi les cinq étapes dont on vient de traiter, quelle est la plus importante ?

Étape # 2 : Déterminer quelle habitude nous permettra d'atteindre notre but automatiquement.

La clé consiste à faire de cette habitude quelque chose de simple à réaliser pour nous.

Rappelons-nous qu'il faut débuter avec de petites habitudes. Moins nous aurons besoin de volonté pour démarrer notre nouvelle habitude, plus grandes seront nos chances de réussite.

On pourra toujours augmenter la portée et l'intensité de notre nouvelle habitude, mais il faut le faire lentement. Le fait de demeurer à l'intérieur ou du moins tout près de notre zone de confort nous permettra d'être plus assidus.

Un changement de stratégie.

Au lieu de nous concentrer sur notre but final, nous allons focaliser sur la création d'une habitude qui nous y mènera... naturellement.

Les buts peuvent paraître imposants et complexes dans nos esprits. On peut continuer à penser globalement, mais on agira petit et localement. L'accumulation de quelques habitudes simples facilitera l'atteinte de nos buts.

Pensons par exemple à une pizza grand format. Impossible de l'avaler d'une seule bouchée ; mais nous pouvons la manger une pointe à la fois... On prend une bouchée de la première pointe, puis une deuxième... Un peu plus tard, nous la terminons et nous attaquons la seconde pointe.

Plus facile d'y arriver de cette façon. Pourquoi ? Nous maîtrisons déjà l'habitude de mordre et de mastiquer. Tout ce qu'il reste à faire, c'est de porter la première pointe de pizza à notre bouche.

Avec un peu de temps et beaucoup d'appétit, nous avalerons toute la pizza.

Marcher, tout simplement.

Que diriez-vous d'un autre exemple ?

Notre but (étape # 1) est de marcher au moins dix minutes par jour. C'est très peu j'en conviens, mais on doit commencer quelque part.

Demandons-nous : « Quelle habitude m'aiderait à atteindre mon but de façon automatique ? »

C'est facile.

On stationne tout simplement la voiture à cinq minutes à pieds du travail. On devra donc marcher cinq minutes pour nous rendre au bureau et cinq minutes pour revenir à notre voiture. Durée totale de la marche ? Dix minutes.

Le développement personnel.

Un des éléments clé du développement personnel est le développement d'une « attitude de gratitude » dans notre inconscient. Comment pourrions-nous en faire un processus presque automatique ?

Disons que la pause du matin avec beignet et café s'avère être notre moment favori de la journée. Il suffit de se lancer un défi personnel :

« Pas de pause-café avant d'avoir exprimé ma gratitude envers quelque chose ou d'avoir remercié quelqu'un aujourd'hui. »

Puisque nous ne voulons pas manquer notre pause-café et beignet, nous allons apprécier quelque chose ou remercier quelqu'un chaque jour avant notre pause-café. Faisons-le chaque jour et bientôt nous aurons créé une habitude permanente. Les habitudes facilitent presque tout, incluant le développement personnel.

Supposons que notre nouvelle habitude consiste à adresser un compliment tout simple mais sincère à quelqu'un aujourd'hui. Cette habitude est une excellente façon de développer une personnalité plus amicale.

Et nous n'aurons pas à craindre d'être rejeté ou de blesser quiconque. Les gens sont si avides de compliments et en reçoivent si peu que leur réaction pourrait s'apparenter à un état de choc ! Ils pourraient bien rester figés, bouche bée.

Et nous n'avons pas à se limiter au moment précédent la pause-café pour éprouver de la gratitude, remercier et/ou complimenter. On peut le faire tout au long de la journée.

Nous pourrions essayer quelques compliments faciles tels que :

« Belle voiture. J'aime la couleur. »

« Quel est le nom de votre parfum ? Je l'aime bien. »

« Excellente suggestion. Je vais la mettre en pratique sans délai. »

« Merci pour _____. C'est très gentil de votre part. »

« J'aime la disposition de votre bureau de travail. »

« Beau chien. Est-il dressé pour faire quelques tours ? »

Après quelques semaines, nous pourrons même passer à deux remerciements, compliments ou gratitude par jour.

Facile n'est-ce pas ? Petites bouchées, petites habitudes, 100% de succès !

Rencontrer une nouvelle personne par jour.

Pour atteindre ce but sur le pilote automatique, que pouvons-nous faire ?

Que diriez-vous de sourire et de dire « Bonjour » à tous les gens qu'on rencontre ? Éventuellement, quelqu'un nous répondra aussi « Bonjour, » et démarrera une brève conversation.

Nous allons donc sourire et dire « Bonjour » tous les jours jusqu'à ce qu'on déclenche une conversation.

Promouvoir les événements.

Quelle autre astuce pouvons-nous utiliser pour créer l'habitude de promouvoir les événements ?

Imprimons des feuillets affichant les détails du prochain événement, format carte postale. Plaçons-les ensuite près de nos clés de voiture et/ou de maison. Chaque fois qu'on ramasse nos clés le matin, on attrape aussi un feuillet de l'événement... ou mieux encore, plusieurs feuillets.

Ensuite, pendant la journée, assurons-nous de les distribuer à des gens en leur partageant un peu d'information sur ledit événement.

MATINAL OU OISEAU DE NUIT.

Qu'est-ce qui se produit si notre nouvelle habitude nous pousse trop loin de notre zone de confort ou de nos habiletés naturelles ?

On abandonnera trop tôt.

Bien entendu, on désire vivre des changements importants rapidement. Mais essayer de changer trop de choses et trop vite pourrait précipiter l'échec plutôt que la réussite.

Nous avons besoin de moins de motivation et de volonté quand les nouvelles habitudes qu'on tente de créer ne requièrent pas de changements importants dans nos vies. Il faut faire de petits pas, et un à la fois.

Voici un exemple.

Notre temps fort.

Il y a une certaine période de la journée qui fonctionne mieux pour nous en termes de productivité. Nous l'appelons notre « temps fort. » Les choses sont plus faciles à ce moment de la journée et la motivation nous habite naturellement.

Il faut donc se demander : « Quel est mon temps fort de la journée ? »

Les gens matinaux.

Certaines personnes fonctionnent naturellement mieux le matin. Elles se réveillent joyeuses. Elles se sentent bien. Elles ont de l'énergie à revendre. Leurs cerveaux produisent des hormones de bien-être dès qu'elles ouvrent les yeux jusqu'en début de soirée. Ensuite, elles s'écrasent.

Faisons-nous partie des gens matinaux ?

Si c'est le cas, pourquoi ne pas essayer de nouvelles habitudes le matin, moment où on se sent le mieux ? On pourrait faire de l'exercice, écrire nos objectifs, lire des livres et organiser notre espace de travail... tout en se sentant au top.

On pourrait participer à des déjeuners de réseautage tôt le matin. On pourrait même le faire cinq jours par semaine... et pourquoi pas six !

Et que faire en fin en soirée, lorsque notre motivation et notre énergie sont à plat ? On pourrait se charger des tâches administratives secondaires ou tout simplement se brosser les dents avant de s'effondrer dans notre lit.

Les gens noctambules.

Sommes-nous plutôt noctambules ?

Si c'est le cas, voici un aller-simple vers la déprime : se fixer pour objectif une séance d'entraînement chaque matin. On devra dépenser toutes nos réserves énergétiques de la journée pour y arriver.

Optons plutôt pour les tâches qui requièrent moins de concentration en matinée. Nous avons peut-être besoin de plusieurs tasses de café avant d'atteindre un certain niveau de conscience.

Noctambules en soirée ? Appels téléphoniques, rencontres, planification du lendemain... c'est pour nous le meilleur moment pour penser et agir. Et si on souhaite développer une nouvelle habitude ? Pourquoi ne pas en choisir une qui s'intègre bien en soirée, moment où on se sent le mieux ?

Et si nous sommes des oiseaux de nuit, nous pouvons contacter par téléphone des prospects qui habitent dans d'autres fuseaux horaires. Ou encore, démarrer une série d'appels conférence de formations de fin de soirée pour les autres oiseaux de nuit de notre organisation.

PRENDRE L'HABITUDE DE CRÉER DE LA VALEUR POUR LES AUTRES.

Pourquoi les gens refusent-ils souvent de nous rappeler ? Et plus tard, lorsqu'on les croise, ils trouvent toutes sortes d'excuses pour se justifier.

Quelle est la véritable raison pour laquelle ils ont évité de nous rappeler ?

Ils n'ont pas ressenti que nous ajoutions de la valeur à leurs vies. Au contraire, ils nous ont perçus comme des « preneurs, » ayant pour seuls intérêts les nôtres. Par exemple :

- On désire qu'ils joignent notre entreprise pour augmenter nos revenus.
- On veut qu'ils achètent nos produits pour toucher une commission.
- On leur demande les noms de leurs amis pour profiter à notre propre succès.
- On souhaite qu'ils assistent à notre présentation de groupe pour gonfler le nombre de participants.
- On veut organiser une présentation chez eux afin de pouvoir vendre plus de nos produits et services.

Nos amis et nos contacts sont humains. Nous faisons la même chose. On déteste rappeler les gens qu'on estime être des « preneurs. »

Peut-on faire autrement ?

Bien sûr. Plutôt que d'être un « preneur, » nous pouvons devenir un « donneur. » Les gens adorent les « donneurs » parce qu'ils **ajoutent** de la valeur à leurs vies.

Nous devons donc être davantage préoccupés par le bien-être de nos prospects que le nôtre. Nous serons donc constamment à la recherche de moyens susceptibles d'améliorer leurs vies.

Voici quelques exemples de gestes faciles que nous pouvons poser pour un prospect :

1. Découper la photo d'un de nos prospects publiée dans le journal local, et la lui expédier. La plupart des gens aiment garder les photos qui leur rappellent leurs réalisations.

2. Transférer à notre prospect un article récent en lien avec une de ses passions ou passe-temps.

3. Aviser notre prospect d'une grande vente en cours.

4. L'informer de la tenue d'une conférence intéressante dans sa ville.

5. Lui faire part de la dernière astuce pour épargner de l'impôt.

6. Lui recommander le meilleur médecin, dentiste ou spécialiste en pelouses.

7. Propager la nouvelle que notre prospect désire vendre sa maison.

8. Demander à votre prospect si sa fille vend des biscuits ou autres articles dans le cadre de sa collecte de fonds cette année.

9. Mettre en contact votre prospect avec un nouvel ami qui partage les mêmes passions ou champs d'intérêts que lui.

10. Offrir de l'aide à votre prospect pour déménager.

Vous me suivez ? Ajouter de la valeur se résume à être un bon ami. C'est ce que font les amis. Tout le monde accueille à bras ouverts un « donneur » lorsqu'il entre dans la salle. Et tout le monde pousse un soupir de soulagement lorsqu'un « preneur » quitte la salle. C'est un indice. Ajouter de la valeur dans la vie des gens n'est pas seulement bon pour les affaires... Ça fait aussi partie du processus pour devenir une meilleure personne.

Peut-on en faire une habitude ?

Pourquoi pas ? Que se passera-t-il si on fait tout en notre pouvoir, chaque jour, pour offrir une valeur ajoutée à une, deux ou même trois personnes ? Plusieurs changements intéressants se produiront...

Premier changement : notre attitude envers notre entreprise. On commence à ressentir que notre entreprise offre une valeur ajoutée dans la vie des gens.

Deuxième changement : nous avons plus d'amis. Et les gens aiment se joindre à une entreprise pour aider leurs vrais amis.

Troisième changement : on perçoit notre environnement d'une façon différente. Plutôt que de regarder les endroits et les choses strictement d'un point de vue personnel et égoïste, on recherche la valeur dans tout ce qui nous entoure. Notre vision du monde change. On remarque les opportunités et les ressources qui s'offrent à nous. Ce changement d'état d'esprit nourrit notre croyance voulant que l'univers met à notre disposition des ressources illimitées. Il nous suffit d'ouvrir les yeux et d'observer.

De bonnes questions pour se rappeler d'ajouter de la valeur.

« Avant d'expédier ce courriel, est-ce que celui-ci contient quelque chose qui bénéficiera à son destinataire ? »

« Avant d'effectuer cet appel, ai-je au moins une idée, une astuce ou une ressource à offrir à la personne que je contacte ? »

« Avant de solliciter des prospects à froid, ai-je quelque chose d'intéressant à leur offrir si jamais ils ne s'intéressent pas à mon entreprise ? »

Prenons l'habitude de se poser ces questions avant d'interagir avec les prospects. De cette façon, on se forgera une personnalité attirante. On se sentira mieux. Et nos prospects se sentiront mieux.

Avec le temps, notre entreprise reflètera les résultats de cette habitude.

METTRE À NIVEAU NOS RELATIONS ET NOTRE ENVIRONNEMENT.

Nos relations constituent des béquilles, de bonnes béquilles. Et notre environnement social exerce une influence sur nous.

Si on fréquente nos vieux camarades de lycée qui fument et qui boivent, il y a de fortes chances que nous adoptions ces habitudes nous aussi.

Si on se tient autour de la machine à café avec des collègues négatifs qui se plaignent de tout, on pourrait bien adopter leur vision négative du monde.

Et si s'associe à des gens qui consomment des aliments sains ? Ou encore à des gens qui font l'exercice quotidiennement ? À coup sûr il sera plus facile de développer ces nouvelles habitudes.

Vous avez besoin d'un peu d'aide ou de motivation pour vous créer une nouvelle habitude ? Il suffit de s'associer à des gens qui la pratiquent déjà.

Voici une citation révélatrice de Jack Pena : « Si vous fréquentez quatre personnes fauchées, je vous promets que vous deviendrez la cinquième. »

Le nouveau prince de Bel-Air.

Au début des années 1990, on a diffusé une émission de télévision ayant pour titre *The Fresh Prince of Bel-Air*. Le personnage principal, Will - 17 ans, vivait dans un quartier défavorisé de Philadelphie. On l'a donc envoyé vivre chez sa tante et son oncle, à des milliers de kilomètres de chez lui, à Bel-Air, près de Los Angeles en Californie. Ce nouvel environnement se voulant plus propice à la réussite. Au fil du temps, Will a effectivement changé ses habitudes et ses comportements pour devenir quelqu'un de plus positif.

Devons-nous déménager dans un milieu plus propice afin d'améliorer nos habitudes et nos vies ? Bien sûr que non. Mais le fait de déménager dans un environnement plus positif a facilité les choses pour Will.

Dans tous les voisinages, on peut trouver des gens qui désirent s'améliorer. Pourquoi ne pas trouver ces gens et s'associer à eux ? Ce qui compte, ce n'est pas notre situation actuelle mais notre destination. Cherchons donc les gens qui se dirigent dans la même direction que nous.

C'est une autre des raisons pour lesquelles les événements sont fantastiques. On s'y entoure de gens qui se dirigent déjà dans la direction que nous avons choisie. Mais on ne baigne pas dans l'euphorie des événements en permanence. Qu'allons-nous faire à notre retour au bercail ?

Nous allons mettre à niveau nos relations pour s'entourer de gens qui se dirigent au même endroit que nous. On veut faciliter notre démarche visant à créer de nouvelles habitudes.

L'HABITUDE DE SE FERMER LE CLAPET.

L'habitude d'écouter est difficile à créer pour deux raisons principales :

1. Nous voulons parler. On cherche constamment une ouverture pour reprendre le contrôle de la conversation. Après tout, ce que nous souhaitons dire est très, très important. Ce qui implique que nous n'écoutons pas vraiment ce que dit notre interlocuteur, et cela crée inévitablement des malentendus.

2. Nous ne discernons pas le message derrière les mots de l'autre. Nos esprits s'affairent plutôt à organiser et se souvenir de la réplique qui nous permettra de reprendre le contrôle de la conversation. Notre mémoire vive est trop occupée pour écouter et décoder le véritable message émis par celui ou celle qui s'exprime devant nous.

Bien qu'il existe un nombre infini de livres et de cours sur l'écoute, nous pouvons prendre l'habitude de mieux écouter dès maintenant. Il suffit de pratiquer pour s'améliorer.

La récompense.

Quel genre de personnes les gens préfèrent-ils ? Les personnes qui parlent beaucoup, ou les gens qui écoutent ? Oui, tout le monde adore ceux et celles qui savent bien écouter.

Si nous sommes timides, nous profitons déjà d'une longueur d'avance ! Le timide pourrait penser : « Je me demande ce que je pourrais dire pour poursuivre la conversation. Je ne veux pas avoir l'air stupide. Est-ce que cette personne va me juger sur ce que je songe à dire ? »

Mais pendant que nous, timides, remuons ces pensées, la personne devant nous est impressionnée. Pourquoi ? Parce qu'elle pense que nous sommes en train de l'écouter !

Le premier secret de l'écoute, c'est de savoir se taire. D'ailleurs, voici un moyen facile de donner l'impression que nous sommes plus intelligents que nous ne le sommes en réalité :

Primo, fermez le poing.

Deuxio, placez votre poing fermé sous votre menton et, poussez vers le haut.

De cette façon, nous gardons la bouche fermée, et nous donnons l'impression d'être un grand penseur qui admire l'intelligence exceptionnelle de son interlocuteur.

UTILISEZ « SI » ET « ALORS » POUR CRÉER DES HABITUDES.

Heidi Grant Halvorson, docteur en psychologie et conférencière, traite de l'usage des mots « si » et « alors » pour déclencher l'activation de notre nouvelle habitude. Il suffit de se dire : « **Si** cela se produit, **alors** je ferai telle autre chose. »

Rappelons-nous notre première habitude. On se réveille et on démarre immédiatement un enregistrement audio portant sur le développement personnel. Cela déclenche l'habitude de nous brosser les dents, qui déclenche à son tour celle d'effectuer quelques squats en se brossant les dents. Après un certain temps, ces habitudes s'intègrent naturellement à notre routine.

Les programmes informatiques utilisent aussi la formule « si… alors. » Si ceci se produit, alors voici ce qui en résulte.

Voici quelques exemples que nous pouvons utiliser pour déclencher l'activation de notre nouvelle habitude :

- Si je mange trop de sucreries, alors je prendrai une marche de 15 minutes.
- Si je dois me préparer pour le travail, alors je démarrerai mon fichier audio de développement personnel.
- Si l'horloge indique 19h, alors je ferai des appels pour contacter des prospects pendant 20 minutes.

- Si c'est lundi aujourd'hui, alors je publierai quelque chose de nouveau sur les médias sociaux.
- S'il est l'heure d'aller au lit, alors je dresserai une liste de trois choses que je dois faire demain.

La formule « si… alors » est un élément déclencheur pour notre nouvelle habitude. C'est très utile aussi si on veut se rap-peler nos habitudes actuelles. On a tous besoin d'aide-mémoires. Considérez cette formule « si… alors » comme étant une forme de réveille-matin pour vos habitudes.

PLUS D'IDÉES ET ASTUCES POUR NOUS AIDER À CRÉER NOS NOUVELLES HABITUDES.

Encore une fois, choisissez l'astuce qui semble la plus adaptée pour vous. Ce qui nous importe, c'est de développer une nouvelle habitude. Les méthodes et trucs qu'on utilise pour y arriver peuvent différer d'une personne à l'autre.

Le conseil de Jerry Seinfeld.

Lorsque Jerry démarrait sa carrière, il s'est fixé pour objectif d'écrire des blagues chaque jour. Chaque fois qu'il le faisait, il traçait un énorme « X » sur la date à son calendrier.

Pourrions-nous utiliser cette astuce pour notre entreprise ?

Trouvons un grand calendrier annuel sur une seule page et plaçons-le sur le mur. Supposons qu'on s'est fixé pour objectif de parler à une nouvelle personne par jour. Chaque soir, on trace un « X » sur la journée qui vient de se terminer.

Une fois notre habitude en place, on ne voudra pas briser la chaîne. Plus longue sera notre séquence, plus on se sentira coupables de « sauter un X. »

Rien de tel qu'une petite motivation externe pour nous aider à maintenir le cap.

Et si j'échoue ? Si je rate une journée ?

Pas de panique. Ça n'est pas la fin du monde. Nous sommes en train de mettre en place une habitude. Pour éviter de se sentir mal, révisons notre définition d'une habitude. Décrivons une habitude comme suit : « Quelque chose que nous faisons la plupart du temps. »

De cette façon, si nous n'avons pas effectué nos appels une journée, ou si nous n'avons pas respecté notre diète aujourd'hui, inutile de s'infliger une punition. Qui n'a pas omis de se brosser les dents au moins une fois dans sa vie ?

Il suffit de voir cette journée comme un temps où nous avons manqué à notre habitude. De cette façon, il sera plus facile de continuer à mettre en place notre nouvelle habitude sans se sentir coupable.

La pression du conjoint ou de la conjointe.

On peut amener notre conjointe ou conjoint à s'impliquer et éprouver de l'enthousiasme envers notre entreprise en célébrant de petits accomplissements. Par exemple, chaque semaine où l'on effectue 20 suivis téléphoniques, on s'offre une soirée resto le vendredi.

Si notre douce moitié compte sur cette sortie, et que nous n'avons pas complété nos 20 appels, devinez qui pourrait bien nous y encourager ?

Cette habitude de célébrer nos petites réalisations peut nous maintenir sur les rails dans le développement de notre entreprise.

Les suivis.

Choisissez un nombre. Disons que nous développons notre entreprise à temps très partiel et que nous disposons de quelques minutes ou d'une heure tout au plus par jour. Dans ce cas, notre nombre pourrait être « 1, » soit le nombre de prospects avec qui nous effectuerons un suivi chaque jour.

Tous ne se joindront pas notre entreprise au premier contact. Certains ont besoin de temps pour réfléchir. D'autres ont des obligations plus pressantes. Et certains auront besoin de mûrir l'idée de bâtir leur propre entreprise.

Nous accumulerons beaucoup de ces prospects si on perdure dans le marketing relationnel. Le suivi est donc essentiel. Nous devons recontacter nos prospects pour leur rappeler notre occasion d'affaires. Ces gens sont tellement occupés qu'il leur arrive parfois d'oublier ce qu'ils désirent et où ils vont.

Effectuer des suivis est-il difficile ? Non. Ça peut demeurer très simple. Voici quelques exemples :

1. Envoyer un texto : « Bonjour. J'espère que tout va bien. »

2. Acheminer un lien vers un article intéressant à un prospect.

3. Lui demander s'il a essayé l'échantillon qu'on lui a remis.

4. L'aviser de la tenue d'un événement ou de la venue d'un conférencier d'importance.

Oh, attendez. Maintenant c'est à votre tour !

L'objectif de ce livre est de vous permettre de créer trois habitudes simples et de les mettre en application dans votre entreprise.

Toutefois, vous désirez peut-être en apprendre davantage sur la puissance des habitudes. Si c'est le cas, assurez-vous de parcourir les livres dont nous avons parlés plus tôt. La science des habitudes est fascinante, et elles peuvent littéralement transformer nos vies.

Pour le moment, concentrons-nous sur la création de trois habitudes très importantes pour les réseauteurs :

1. Le développement personnel.

2. Rencontrer une nouvelle personne chaque jour.

3. Promouvoir les événements.

Par la suite, lorsque ces trois habitudes seront devenues des automatismes, on pourra étendre notre liste d'habitudes pour améliorer encore davantage nos vies.

Amusons-nous à développer de nouvelles habitudes !

MERCI.

Merci d'avoir acheté et lu ce livre. J'espère que vous y avez trouvé des idées qui fonctionneront pour vous.

Avant que vous ne quittiez, pourrais-je vous demander une petite faveur ? Vous pourriez prendre une minute et laisser un commentaire d'une phrase ou deux à propos de ce livre en ligne ? Votre évaluation pourrait aider d'autres personnes à choisir leur prochaine lecture. Ce sera grandement apprécié par bon nombre de vos amis lecteurs.

**Ce livre est dédié aux gens de marketing
de réseau de partout.**

Je voyage de par le monde plus de 240 jours chaque année.
Laissez-moi savoir si vous souhaitez que tienne une formation
(Big Al Training) dans votre secteur.

→ **BigAlSeminars.com** ←

D'AUTRES LIVRES DE BIG AL BOOKS
La liste complète à :
BigAlBooks.com/French

Pré-Conclure en Marketing Relationnel
Obtenir un « Oui » Avant la Présentation

Comment Développer des Leaders en Marketing Relationnel Volume Un
Créez Étape par Étape des Professionnels en Marketing de Réseau

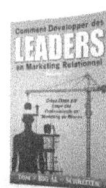

L'histoire Deux-Minutes pour le Marketing de Réseau
Comment Créer une Vision D'ensemble qui Restera Gravée !

Guide de Démarrage Rapide en Marketing Relationnel
Démarrez RAPIDEMENT, SANS Rejet !

La Présentation Minute
Décrivez votre entreprise de marketing de réseau comme un Pro

Tout Sur les Suivis Auprès de Vos Prospects en Marketing de Réseau
De « Pas maintenant ! » À « Immédiatement ! »

Comment Développer Votre Entreprise de Marketing de Réseau en 15 Minutes Par Jour

Les Quatre Couleurs de Personnalités
Et Leur Langage Secret Adapté Au Marketing de Réseau

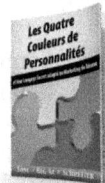

Les BRISE-GLACES !
Comment amener n'importe quel prospect à vous supplier de lui faire une présentation !

Comment établir instantanément Confiance, Crédibilité Influence et Connexion !
13 façons d'ouvrir les esprits en s'adressant directement au subconscient

PREMIÈRES PHRASES pour Marketing de réseau
Comment mettre les prospects dans votre poche rapidement !

À PROPOS DE L'AUTEURS

Keith Schreiter cumule plus de 20 années d'expérience en marketing relationnel et à paliers multiples. Il enseigne aux réseauteurs comment utiliser des systèmes simples pour ériger une entreprise stable et en perpétuelle croissance.

Alors, vous avez besoin de plus de prospects ? Souhaitez-vous que vos prospects s'impliquent plutôt que de tourner en rond ? Vous aimeriez savoir comment engager votre équipe et la maintenir en mouvement ? Si ce sont les types de compétences que vous aimeriez maîtriser, vous adorerez son style « ABC - guide pratique. »

Keith donne des formations et conférences aux États-Unis, au Canada et en Europe.

Tom « Big Al » Schreiter possède plus de 40 ans d'expérience en marketing de réseau et marketing à paliers multiples. En tant qu'auteur des livres classiques de formation « Big Al » publiés à la fin des années '70, il a depuis offert des conférences et ateliers dans plus de 80 pays sur comment utiliser des mots et des phrases précises pour entrer dans la tête des prospects, ouvrir leur esprit et leur faire dire « OUI. »

Sa passion réside dans les idées marketing, les campagnes promotionnelles et les techniques pour s'adresser au subconscient de façon simple et efficace. Il est toujours à l'affut des phénomènes et campagnes marketing innovatrices qui fournissent bien souvent de nouvelles clés.

En tant qu'auteur de nombreuses formations audio, Tom est un orateur très prisé dans les conventions annuelles et les événements régionaux.

www.ingramcontent.com/pod-product-compliance
Lightning Source LLC
Chambersburg PA
CBHW071654210326
41597CB00017B/2204